なぜ、「あの人」には話が通じないのか？

関野直行
Naoyuki Sekino

総合法令

合わない人と、どうやってつき合う？

よい関係をつくるために

「相手とよい関係を築きたい」

「初対面からよい印象をもたせたい」

これは、誰しもが持つ願望でしょう。人間はひとりでは生きていけません。どうせ、他人と係わり合いながら生きていくなら、人を好きになり、そして、みんなからも好かれたほうが楽しいに決まっていますよね？

でもなぜか、**「あの人には話が通じない」「あの人とは気が合わない」**と思ってしまう人はいませんか？

また、最初はいい関係でも、あとから何となくズレが生じてうまくいかなくなり、関係が終わってしまうパターン……。

人と人との間には、いくらお互いが相手を理解しようと思っても、そして、それを頭では分かっていても、ハートが納得しない部分、何かしっくりこない部分がありま す。

これは**コミュニケーションのタイプによるズレ**なのです。

そして、これを知っていれば、不要な混乱は招かずにすむのです。

潜在意識によい印象を植え付けるＮＬＰのテクニック

最近、アメリカで話題になってきている「ＮＬＰ」という手法を応用した潜在意識の操縦法があります。

その手法の中に、**相手に合わせてよい印象を植えつける「ページング」や、その印象をより確かなものにする「アンカーリング」**というものがあります。これは、必ずあなたの人間関係に役立つことでしょう。

なお、ＮＬＰとは、Neuro-Linguistic Programming（神経言語プログラミング）の略で、リチャード・バンドラーとジョン・グリンダーの両博士によって研究され、まとめられた、比較的新しい心理学の分野に属するものです。

簡単にいえば、それまでの心理学が病気の人をいかに健康にするかに焦点を当てていたのに対し、ＮＬＰは正常な人をいかにもっとエクセレント（優秀）な人間にできるかを考えるものなのです。そういう意味では、本書はＮＬＰの入門書として読むこともできます。

でも同時に、私独自のコミュニケーション論と実習法も多く加えてあり、本書のすべてがＮＬＰではないことも、ここでお断りしておきます。

読むだけでもある程度は効果が上がるとは思いますが、それをさらに確かなものにするために、２種類の14日間実習プログラムも加えました。これを実行すれば、他人に対する理解のみならず、自分自身に対する客観的理解も深まることでしょう。

✦これをおさえればうまくいく！　コミュニケーションの基本

それではこれから、「どうすればまわりの人といい関係がつくれるか」、そして、「どうすれば話が通じない人にわかってもらえるか」ということをお話ししていきたいと思っています。

まず、お伝えしたいのは、初対面であれ何であれ、人と人が出会い、何がしかの感情を交わし合えば、これは明らかに「コミュニケーション」なのです。

じつはあなたは、**ムダな努力や大いなる誤解**をしているかもしれないのです。

まず、私が考える「コミュニケーションの基本6ポイント」をあげます。これは、コミュニケーションの心構えともいえます。

コミュニケーション基本6ポイント

① 人は常にコミュニケーションをしている

コミュニケーションの手段は「言葉」だけではありません。しゃべっていないときも、ボディランゲージなどを通して常にコミュニケーションしているのです。相手の「言葉以外の表現」にも注目しましょう。

② コミュニケーションできたのは、相手に通じた分だけ

人はそれぞれ頭の中に異なる辞書を持っています。自分が伝えたいと思ったことがそのまま相手に伝わるのは、むしろまれだと考えたほうがいいでしょう。外国人と話しているつもりで、相手が理解できるように、さまざまな方法を試してみましょう。

③ グループや組織の中では、柔軟性が最も効果的な武器となる

コミュニケーションがうまくいっていないことがわかったときに、いままで行っている方法と、「まったく異なる創造的な方法を考え、行動に移すような柔軟性」、そして「それを楽しみながら進められる柔軟性」が、最も大切になってきます。いつまでも、ひとつのやり方にこだわっているようでは、多様な相手に対応できません。

④ 人はそれぞれ完全である

あなたが自分は自分なりに完全だと思っているように、相手も相手なりに完全なのです。ただ、完全さの質（価値観）が異なるだけなのです。だから、自分と違うタイプの人を「話のわからないヤツだ」と決めつけないで、その相手にどのようにアプローチすればいいかを見つけていくことが大切になってくるのです。

⑤ コミュニケーションに失敗はない、ただ学びがあるだけ

相手から返ってくる反応は、すべて有益な情報です。一見、失敗に思えることでも、

そこから役に立つ情報を吸収すれば、再び同じ過ちをくり返さずにすむのです。

⑥ いまのコミュニケーションの目的を明確に

いまは、単なるおしゃべりをしたいのか、うっぷんを晴らしたいのか、それとも相手に理解してほしいのか……といった「いまの目的」を常に理解していれば、コミュニケーションが横道にそれることを防げます。

相手に自分のいいたいことが通じていないと感じるときや、これから重要なミーティングに向かうときなどに、この6ポイントを思い浮かべてみてください。

冷静に的確に相手とコミュニケーションするには、これらのことをぜひ理解していただきたいと思います。

なお、ここではポイントを述べるにとどめます。それぞれの項目のくわしい内容は、本書を読み進むうちに、随時、明らかになっていくでしょう。

なぜ、「あの人」には話が通じないのか？　✦もくじ✦

❶章「あの人」との関係はどの段階？

❷章 コミュニケーションがズレていませんか？

❸章 相性の合う人、合わない人

4章　潜在意識からよい印象をつけるテクニック

❺章 築いた関係をよりよいものにするテクニック

❻章　自分を好きな人は、他人からも好かれる

❼章　14日間トレーニングで人間関係が変わる

装丁　ＥＢｒａｎｃｈ　冨澤崇

❶章　「あの人」との関係はどの段階？

お互いの関係の変化が始まる4つのターニング・ポイント

あのころの2人はどこにいったのでしょう?

ある日、ひょんなことからある男性とある女性が出会いました。

お互いの目にキラリと光るものを感じて、急速にひかれ合っていきました。

ちょっとしたしぐさからしゃべり方まで、すべてが自分の好みだと思いました。

忙しい2人は、暇を見つけてはデートを重ねます。そして、結婚。……ここまでは順調でした。

それから半年も経ったころ。あれだけお互いに相手のことを気に入っていたはずなのに、なぜか気に入らないところばかりが目につくようになり、そして、いい争いが頻繁に……。2人の気分がいいときはよいのですが、カチンとくるとそれまで心の中に鬱積《うっせき》していたものが一挙に噴き出しました。

あれだけ好きだったのに、いや、いまでも好きなのですが、つい気に入らないところに目が行ってしまいます。

はじめのころは、派手にケンカもしました。しかし、何年かするうちに、次第に口も出さなくなりました。そして、いつの間にかあきらめに変わりました。

そのころには、会話もほとんどなくなりました。そして、2人とも別々に行動するようになって、このことには触れないようになってしまいました。

あのころの2人はどこへいったのでしょうか。

人間関係の変化の過程

たとえ結婚までは行かなくても、似たような経験は誰にでもあるのではないでしょうか？ このような話は程度の差こそあれ、どの人間関係にも起きます。

つまり、コミュニケーションには、**お互いの関係が変化するいくつかのターニング・ポイント**があるのです。

その**ターニング・ポイントでつまずいたり適切な対処を怠ったりすると、互いの関係が深まる代わりに、遠ざかってしまう**のです。

このモデルに従えば、コミュニケーションには、大きく分けると次の4つの段階があると考えられます。

① ロマンスの段階
② 力の争いの段階
③ 休憩の段階
④ 共同創造の段階

最初にあげた男女2人の例の場合は、②の段階から、③の段階に変わるところで苦しんでいるようです。

ここを何とか乗り越えれば、2人の関係がより深まっていくはずです。

それでは次から、4つの段階のそれぞれについて、少しくわしく見ていきましょう。

会いたい、愛しい「ロマンスの段階」

✦ターニング・ポイントの1番目

まずコミュニケーションのターニング・ポイントの、はじめに訪れるのは、「ロマンスの段階」です。

ここでは相手のよいところばかりが見えるのです。よいところが目につかなければ、おざなりのあいさつを交わすくらいで、何も特別な関係が始まることはないでしょう。

自分がそれまで欲していたり、憧れていたりしたものをやっと、相手の中に見つけた状態がこの「ロマンスの段階」なのです。

相手がそばにいると、なにか遠い昔に離れて行った自分の一部分が帰って来たような気がして安心する。あるいは、自分の足りなかった部分が満たされた気になってしまうのです。

また反面、相手がそばにいてくれないと、再び自分に何かが足りなくなったような気がして、落ちつかず、ソワソワとしてしまうのです。

仕事などでは、自分の欲しかった才能を誰か他の人に見出し、その人と一緒に仕事をすることによる可能性に意識が向いているときがこれです。それによって、それまで自分ではできなかったような、より大きな仕事ができるようになると感じ、また実際にもうまくいくことが多いのです。

✦ じつは本当の相手を見えていない時期

「ロマンスの段階」とは、視覚・聴覚・感覚のすべてを通して相手とコミュニケートしようとする状態です。

男と女の関係だったら、プレゼントをしたり、甘い言葉をささやいたり、手を握ったり……と、相手が喜びそうなことを何でもします。しかも、これが全然苦にならないのです。

また、仕事のパートナーだったら、相手のことを進んで理解しようとします。「なぜ、この説明ではわからないのか」と腹が立つより（腹を立てるのは、この後の「力の争いの段階」で出てきます）、何とか理解してもらおうと手を尽くすのが、この段階です。

会社が勝手に決めた仕事のパートナーが、自分の気に入らない相手だったりすると、「ロマンスの段階」を飛ばして、「力の争い」から入ることも多々あります。

しかし、自分が気に入り、自ら選んだ仲間などは、この「ロマンス」から入ることになるのです。

この段階は、自分に足りないと思い込んでいた部分を外に見出し、本当は自分にもこんな部分があったのだなあと思い出すひとつのステップだといえます。世の中がバラ色に見え、情熱でいっぱいなのです。

しかし、実際には、自分のニーズを満たしてくれる対象としての相手だけを見ているに過ぎないのです。

つまり、白馬の騎士に憧れているだけで、その白馬の騎士が白馬に乗っていないときに、どのような生活をしているかなどは考えてもいないのです。

この段階では本当の相手は見えてはいません（もっとも、どこか深いところで感じてはいるかもしれませんが）。

相手のアラが見えてくる「力の争いの段階」

◆ターニング・ポイントの2番目

「ロマンスの段階」が過ぎると、相手がいることに慣れてきます。自分の足りなかった部分を、相手が満たしてくれることに慣れてしまうのです。

そこにいるのが当たり前になってくると、人間とは現金なもので、慣れてしまったよい状態を相手が与えてくれないと不満を感じるようになるのです。

そればかりか、相手が自分から奪っているのではないかと錯覚さえしてしまうのです。

「結婚前は、1ヶ月に1回はプレゼントしてくれていたのに、このごろは誕生日でもなければ何もくれない」

「近ごろでは、うちの女房は、おれが朝会社に行くのに起きてもこない」

などの、不平不満が出てくる段階ですね。

また、「ロマンスの段階」で自分が満たされたものに慣れてしまい、今度は相手が自分を満たせない部分に目が行き始める段階でもあります。これは、相手が自分の期待に応えてくれない部分です。

これに目が行き始めると、もう止まりません。しかし、完全な人間なんて存在しません。だいたい、何が完全なのかは人によって違います。

こうして、あるときは戦争のように激しく、あるときは一時のアメリカとソ連のように表面では冷たく、水面下では「力の争い」が始まるのです。

自分の思いどおりにしてくれない相手への不満のぶつけ合いやコントロール合戦が言葉を通して飛び交ったり、さりげないボディランゲージが交わされたりするようになります。

以前、『ローズ家の戦争』という夫婦間の争いを描いたアメリカ映画がありましたが、一般的には、最初の「ロマンスの段階」が情熱的であればあるほど、この「力の争いの段階」も激しいものとなるのです。

期待が大きいほど、その期待に応えてくれないときの落胆も大きくなるのです。しかし、当初の情熱が本物であったならば、この「力の争い」も「あれほど、好きだったのだから……」と耐え忍べるのも確かなのです。

✦ 乗り越えれば絆は強まる

この「力の争いの段階」ほど、コミュニケーションが必要なときはないといえます。もちろん、さまざまな不平不満の飛び交う中でのコミュニケーションですから、かなりの困難が予想されます。

しかし、**これを2人で通り過ぎることができれば、何が来ても怖くない関係が築かれる**でしょう。あるいは、怖くても2人で立ち向かえる絆ができるのです。

心の底からさらけ出すつもりでコミュニケーションしたとき、同じ気持ちに対して異なる立場をとっていただけということがわかり、本当の安らぎを得ることができるでしょう。そう、2人が引きつけられたのも偶然ではないのです。

それまで意見が合わないと思っていた部分、相手の気に入らなかった部分などは単に表面的なことであって、2人をつなぐ絆の本質的な部分ではないことに気がつくでしょう。そうすると、次の「休憩の段階」へと進むのです。

だが、この「争いの段階」を抜けきれずに破局を迎えたり、いびつな関係に陥ったりしてしまうカップルが非常に多いのです。
スポーツのようにゲームだと知って行う場合は別として、あらゆる争いは人と人とを分離する道具です。「私が正しい」というのが、力の争いにおけるスローガンなのです。死ぬまで「おれが正しい」といい続ける人もいるようですが、必ずしも「正しい＝幸福」ではないのは誰でもわかるはずですね。

「私が正しい」というのは、自分の価値を非常に高めるかのように見えますが、これは裏を返せば、「あなたは間違っている」といっているのと同じです。これで、どうして相手とひとつになれるでしょうか。

ただし、ビジネスでは、こんな段階で引っかかっていては仕事になりません。会社の中で、牽制のし合い、足の引っ張り合いばかりが起きてしまいます。

だから、これは仕事だからと割り切ることによって、人間関係と分離させて物事を進めていきます。そのために、人間関係はさておいても、仕事に関しては次の「休憩の段階」から「共同創造の段階」へと進んでいる姿を、ビジネス社会においてはよく見ることができます。

やっと相手を冷静に見つめられる「休憩の段階」

✦ターニング・ポイントの3番目

争いの後のしばしの休憩がこの段階です。

自分の足りない部分を相手に埋めてもらおうと要求するのも一段落し、ありのままの相手と自分をしばらくの間、見つめるときです。

「ロマンスの段階」と「力の争いの段階」で、相手の中に見てきた両極端を、自分の内側で静かにじっくりと統合する時間なのです。

「力の争いの段階」で相手の中に見えたものをきちんとコミュニケーションをすることによって統合した後に、次の段階の前にホッと一息つける段階といえるでしょう。

新しい段階に行く前に、潜在意識の中で更にバランスを取りながら、様々な組み替えが行われている段階です。

ここでは何もあわてる必要はありません。自然に行動したくなるのを待てばよいのです。

しかし、カップルなどに関していえば、ここでいささか注意を要します。

✦ 愛しているけど必要じゃない？

「休憩の段階」に入ると、相手の必要性がなくなるのです。

「ロマンスの段階」と「力の争いの段階」では、自分が幸せになるためには、目の前の相手が必要だと思っています。

しかしここまで来ると、相手は自分にとって「必要」ではなくなります。

一緒にいると最高に楽しいかもしれないのですが、「必要」ではないのです。

この時点で、これからの新しい関係をイメージできないと、「もう、あの人が必要ではなくなった」と別れてしまうことになるのです。

そして、新たなロマンスを求めて、２人の関係から外に飛びたっていく……。

恋はよくするけれど結婚まではいたらないという人に、このタイプが多いようです。

「I love you. I need you.（あなたを愛している。あなたが必要なの）」は、英語の歌によく出てくる文句ですが、この「休憩の段階」の前の段階までしか当てはまらないのです。

ここから先は、「あなたは必要ではない。でも、あなたといるといちばん楽しいし、私はあなたと一緒に生きて行くことを選択するわ」ということになります。

「ロマンス」と「力の争い」は自分の感情に振り回されている段階で、この「休憩」からは、感情と共に生きていく段階なのです。

本当の自立が生まれる「共同創造の段階」

✦ ターニング・ポイントの４番目

ここでやっと、本当の意味の自立ができます。

相手がいなければやっていけない「頼り合う関係」から、**自分ひとりでも必要なことはでき、他人とやればもっと楽しいという状態**に移った段階がこれです。

スポーツにたとえれば、プロの実力がついたところといえばいいでしょうか。監督やチームメイトにかばってもらわなくても、ひとりで十分に実力を発揮できるようになったと思えばいいと思います。これからは、自分の好きなチームで、好きな人たちと楽しくプレーをする段階です。

「力の争い」は、ひとつの体（個人の性格や社会の規制などの枠）に、ハートが２つあるようなもので、ひとりが右に行こうとすると、もうひとりが左に行こうとする状態です。だから、自由がきかないのです。

一方、この「共同創造」は、２人の別々の体にハートがひとつと見ればいいでしょう。「離れていてもハートはひとつ」というように、ひとつの意識で２倍動けることになるのです。

結婚生活などの人間関係において、ここまで達しているカップルはなかなか見られませんが、仕事などで考えれば簡単に理解できるでしょう。

信頼できるパートナーや部下を持った人は、その人の仕事は信頼してまかせておいて、安心して自分の仕事に専念できるわけです。

自由でいながら、自然にまわりの人と調和が保てる状態です。そして、自分に余裕があるから、人にも気配りができるというわけです。

◆分かち合いと共鳴

相手に期待して、それに応えてもらうのではなく、ただ単に分かち合いを楽しむだけとなります。ここまで来ると、コミュニケーションというよりは、ハートの共鳴と呼んだほうがいいかもしれません。

スポーツ選手などが最高のプレーをしているとき、観客とともに感動を共有する。あるいは歌手が最高の状態で歌を通して自分を表現しているとき、観客との間に共鳴が生まれる。どちらも束縛されていません。

ただ、分かち合いと共鳴があるだけです。

「あの人」とはどの段階でしたか？

ここでは、わかりやすいようにそれぞれの段階を少し極端に説明しました。

実際には、一つひとつの段階が、それほどはっきり分かれているわけではないし、お互いに重なり合って進んでいたりします。

たとえば、人間関係では「力の争い」をやっているが、会社では「共同創造」であったりします。また、「共同創造」の中でも、かすかに残っている「力の争い」が浮上してきたりします。

「力の争い」が長く続いているときでも、この先により深い相互理解の段階があるのを知っていれば、希望が持てるでしょう。逆に、「力の争い」を通り抜けてこそ、はじめて「共同創造」にたどりつけるともいえるのです。

自分がどの段階にいようと、楽しんでやってほしいと思います。

楽しむことが、これらの段階を早く経るためのいちばんの近道となるのです。

笑いやワクワクする気持ちは、それ自体が共鳴なのですから。

❷章　コミュニケーション がズレていませんか？

人は最初の5分間で相手を判断する

出会いのコミュニケーション

人は、人に出会ったときに、相手がどんな人かを判断しようとします。

その際に基準となるのは、言葉自体よりも**声のトーンやボディランゲージ**が中心になります。

そしてこれらは、**理性より感覚に強く刺激を与えるもの**なのです。したがって人は、初対面の相手でも、**きわめて短い時間内にある程度の判断を下す**ことになります。それを私は、おおむね**5分間**であると考えます。

もちろん、この「5分間」というのは、普遍的な数字ではありません。人によって2分半のこともあるだろうし、またある人にとっては8分かもしれません。

その上、自分の蓄積してきた「人を判断する材料」によって、早くも遅くもなり得ます。ただ、ここでいいたいのは、とにかく人は初対面で、しかも、会ってすぐに相手を「こういう人だ」と決めつけるということなのです。

そして、相手の態度やボディランゲージなどを、ひと通り把握するには5分くらいが平均的だということです。

判断は、過去のデータ・ファイルから

「犬猿の仲」という言葉があります。犬と猿は、仲の悪い代表のように思われているようです。

しかし、子どものころから一緒に育てられた犬と猿をテレビで見たことがありましたが、2匹は仲が悪いどころか、まるで兄弟のように振る舞っていました。猿は犬の蚤取りまでしてあげていて、ほほえましくもびっくりしました。

なぜこのようなことが起こるのでしょうか？　生まれて間もない猿や犬には、どのような形や声、そして匂いが自分にとって危険となり得るかがインプットされていません。何が敵で何が餌かの区別もつかないのです。高等動物と呼ばれているものほど、本能の部分より、生まれてから学習する判断の部分に負うところが多いといえるで

しょう。

そして成長の過程で、「この形と声は敵だからすぐ逃げろ」、「この形と匂いは、木の実というもので自分の餌になるものだ」というようなことを学習していくのです。

人間も同じです。仮に過去に学習したデータから類推して判断しているのでなければ、どうして、今日会社の廊下ですれ違った上司が、昨日まで自分と同じ課にいた上司だとわかるのでしょう？　もし、まったく過去からのデータを使って判断していなければ、その上司が人間だということすらわからないでしょう。

あなたが、生まれてこのかた**見たもの、感じたもの、聞いたもの、嗅いだもの、味わったもののすべては、データとして意識と「潜在意識」の中にファイルされている**のです。

✦意識と潜在意識

ここで、意識と、潜在意識について少しお話ししておきましょう。

意識とは、ふだんから頭で考えて理解する部分や思いだせる部分です。表層意識とも呼ばれ、人の意識全体の約10％を占めるといわれています。

それに対して潜在意識は、ふだん気がついていない部分や思い出せない部分で、残りの約90％の部分だといわれます。

人に聞かれてすぐに思い出すのは、意識の部分、考えているのも意識の部分です。潜在意識は、思い出せない部分、クセのように頭ではやめようとしてもついやってしまう部分です。内臓などを管理するのも潜在意識の役目なのです。これを意識的に行おうと思ったら、人間は数分と生きていられないでしょう。

たとえば、あなたが車を運転しながら何かを考えている場面を想像してみてください。

目は前方の注意や計器類を見ることなどをしなければならないし、手もハンドルやシフトレバーなどを意識していなければなりません。足は足でブレーキ、アクセル、クラッチ版と動かさねばならず、それぞれの筋肉にそれこそ何百という指令を送らなければなりません。その上で、「今日の夜はどこで何を食べようか」などと考えるのだから、脳は相当な労働力でしょう。

しかも、どんなときであろうと、心臓を1分間に約60回打たせるために、脳からそれぞれの筋肉への適切な電気信号を送ったり、肺やら胃やらを動かしたりしなければならないのです。これらをすべて意識して行うのだとしたら、大変なことになってしまうでしょう。

そうならずにすむのは、潜在意識がさまざまな機能を無意識のうちに自動運転してくれるおかげなのです（まさに潜在意識バンザイ！）。

ただ、潜在意識はいいも悪いも判断ができないのです。決まったことを自動的に行っているだけなのです。

役に立つこともそのまま続けるし、今のあなたにはもう古くなって役に立たない癖のようなことまでもそのままやり続けるのです。つまり、自動化されたコンピュータだと思えばよいでしょう。

潜在意識の条件づけが、その人の第一印象になる

今日、初対面の男性に会ったとしましょう。その人の容貌やしゃべり方、微妙なしぐさなどを見て、「ウーン、いいスーツを着ているな。こういう人は社会的にも地位のある人だな」とか「こういう早口でしゃべる人は友達にもいるけれど、おっちょこちょいだな、気をつけよう」などと判断します。

「その人はどんな人？」と聞かれて意識下ではまだまとまっていなくても、**潜在意識**

のレベルでは、すでに最初の数分の間に微妙な判断を行なっているのです。

たとえば、頑固者の親戚のおじさんと、眉毛の形の似た人に会ったとします。すると、潜在意識では、「この人も、あのおじさんと同様に頑固に違いない」と判断してしまうのです。

もちろん、意識的にはまったく気がついていません。意識の上では「この人、なんとなく頑固そうだな」と感じているだけです。

ただ、小さなレベルですが、そのおじさんと実際に会っているときと同じように、**体や感情が反応し始める**のです。

この小さな反応は、ちょうど夢の中でテニスをしているのと同じです。夢であるにもかかわらず目はボールを追って動くし、体の筋肉もそれに合わせて小さく動いています。

人によっては、小さい反応どころか、ある人に会うといつもケンカになることもあります。そして、「なぜ、あの人と話しているといつもあんなに腹が立つのだろう？他の人はあの人とも普通に話しているようなのに……」などと不思議がったりします。

これは、**過去の記録のファイルに入っている人（ここではおじさん）と、ある特定な感情が条件づけされている**からに他ならないのです。

だから、潜在意識の中のデータと比較して該当項目があると、同じような感情が出てきてしまうのです。

実際には、五感から入力されるさまざまな情報に対しての反応が、それぞれ増長し合ったり、打ち消し合ったりされた総和が結果として、その目の前の人に対する第一印象、または先入観念となるのです。

現に目の前にいる人とは何の関係もなく、勝手に決めつけ判断をしていることになります。そして、自分の過去のファイルで作り上げてしまったフィルターを通してその相手を見てしまうのです。

よく、第一印象がよく当たる人はスルドイ人だといわれ、当たらない人はニブイ人だといわれたりします。いずれにせよ、自分の過去のデータから、今会ったばかりの未知の存在を類推しているに過ぎないということを忘れないようにすることが大切です。

よいコミュニケーションの基本は、**常に決めつけないで確かめ続けること**です。自分の受けた第一印象に固執せずに、それをひとつの役に立つ情報として、必要とあればそのつど確かめていけばよいのです。

「すべての判断は、あなたの過去のデータからの類推。実際に目の前にいる人とは何

の関係もない」ということをくれぐれも忘れずに。

コミュニケーションを妨げる3つの要因

✦「怖れ」がコミュニケーションを妨げる

コミュニケーションについての基本のポイントを理解し、その流れを把握したからといって、常にうまくいくというわけではありません。

さまざまなものが要因となって、コミュニケーションが阻害されることが意外と多いのです。

まずここでは、どんなときにもコミュニケーションの阻害要因となりやすい、基本的なものを3つあげておきましょう。

①　期待

② **コントロール**

③ **義務感や役割感**

この3つです。そして、**これらはすべて「怖れ」の感情から起因する**のです。

人間の感情は、突き詰めれば**「怖れ」か「愛（または思いやり）」**のどちらかに収れんされるといっていいでしょう。

「怖れ」から来るものは、縮み、離れ、疑い、防衛し、冷えるのです。

「愛（または思いやり）」から来るものは、広がり、つながり、理解し、開き、温かくなるのです。

同様に「怖れ」から来るコミュニケーションは、距離を作り、壁を築きます。

これらの「怖れ」は、見方を変えれば「愛を求める叫び」だということを覚えておいてください。自分の中で満たされていないと思っている部分を、相手に求めているだけなのです。

それでは、この3つがどのようにコミュニケーションの妨げとなるかを見ていきましょう。

✦ 期待

期待するということは、**あらかじめこちらで作り上げたイメージがある**ということです。

そして、相手や相手のいうことを、常にそのイメージと比較しながら見たり、聞いたりするわけです。

期待があるということは、裏を返せば「いまのままの、あなたではよくない」といっていることにもなるのです。

そのために、相手を自分のイメージに近づけようとしたり、自分のイメージに合うこと（つまり聞きたいこと）しか聞いていなかったりするのです。

かくいう私も、新聞や雑誌の取材などでよくこういう事態に遭遇します。記者や編集者は、取材の前にあらかじめストーリーを組み立てていて、それに合うように話を聞いていきます。

結局、「こちらの話したことはまったく聞いていなかったのでは？」と思うことがよくあるのです。

相手がいるのにもかかわらず、いつの間にかその相手を自分のイメージに当てはめようとしているのです。相手だって、ボディランゲージなどから期待を察知して、いい気がしません。

期待は、直接的にコントロールすることではないのですが、間接的には匂ってしまうものです。だから相手は、何となく感じながら、何となく抵抗するのです。

このように期待があると、引っ張り合いのコミュニケーションになるか、相手を無視した独り言になってしまうのです。

◆コントロール

コントロールは、期待より直接的で、実際に相手を自分の思っている方向へ引っ張ろうとする働きです。母親が子どもにいい聞かせるときなど当てはまります。「なぜ、もっと勉強しないの。お母さんは、あなたのことを思っていっているのよ」といわれると、頭ではそうだとわかっていても、体が反対のことをしてしまうということがあります。

他人にコントロールされるのが好きな人はいません。

だから、**人間は左に引っ張られると、まず右に行こうとします**。たとえ本当は左に行きたくても、なのです。

コントロールがコミュニケーションの中にただようと、本当に理解してほしいこと、伝えたいこととはまったく関係のないレベルで「力の争い」が始まることが多いのです。

会社の会議などが、いつの間にか「俺が正しい」の主張大会になっていた経験はないでしょうか？

そんなときは、「コミュニケーションの基本⑥」（6ページ）の、コミュニケーションの目的を明確に保つことが大切になってくるのです。

✦ 義務感や役割感

義務感や役割感があると、つまらないコミュニケーションとなります。

なにしろ、本人が本当に感じていることより、「ここでは、こういうべきだから」とか「この人に教えてあげるのが、年上の者の義務だから」とかが優先してしまうから、中身のない話となりやすいのです。

みんなが義務感や役割感から話すと、まったくの建前論となってしまい、なかなか実のある話になりません。

義務や役割が悪いのではないのです。**義務感や役割感が必要以上にあると、自分が本当に感じていることを横に置いてしまって、相手とつながることができなくなってしまう**のです。

人から好かれるという観点に立ったとき、義務感や役割感は、つながりを促す働きはしません。つながらなければ、当然、疲れるコミュニケーションとなってしまいます。

いずれにしても、義務感や役割感に執着すると、梅干しを食べたときのような顔になり、楽しい会話や効果的なコミュニケーションを望むほうが無理となってしまうのです。

◆ 柔軟性が大事

コミュニケーションをスムーズにするためには、もちろん、これら3つの要因を排除しなければならないでしょう。

具体的なやり方は4章以降にお話ししますが、**「ペーシング」**という手法を用いて、相手が義務感のかたまりのような際に、こちらも相手の義務感を活用する方法もあります。

これは、あなたにとっては「柔軟性」と呼んでいいでしょう。

もっとも、柔軟性に富んだ人がコミュニケーションの主導権を握ることは、プロローグの「コミュニケーションの基本③」（5ページ）からも明らかなのです。

波長の合う人、合わない人

✦チャンネルが違えば、見えない、聞こえない、感じない

前に上げた、3つの要因に思い当たるふしがなくても、「根本的にこの相手には通じない」と感じたり、「間違って通じているのではないか」と、疑問に思ったりすることは多いようです。これは、何が原因なのでしょうか？

日本語しかわからない日本人と、英語しかしゃべれないアメリカ人が話をしたら通じないのは、誰にでも理解できますね。また、テレビを8チャンネルに合わせて4チャンネルを見ようと思っても、できないのは当たり前ですね。

言語や周波数という波長が異なると、辞書やテレビなどの媒介物がなければ、「見えない、聞こえない、感じない」のです。

「あの人とは波長が合う・合わない」といういい回しも偶然ではないのです。

テレビでも波長が少しだけズレていると、映像は何とか映っても、画面がきたなくノイズが多くなります。**同様に人と人との間でも、微妙な波長の差異があると、相手の真意にノイズがかかり、自分勝手な解釈でコミュニケーションが始まってしまう**のです。

✦ こんなズレはありませんか？

たとえば、夫が、旅行に行こうとしている妻に伝えたいことがあったとします。

「気をつけて行って来るんだよ」という思いやりの気持ちを伝えたかったとしましょう。

この思いやりの気持ちが、夫の言葉では、「おまえはおっちょこちょいだから、余計なことするんじゃないぞ」となったとします。こんないい方をする世の旦那族はけっこういますよね。しかも、照れるものだから、ついプイッと横を向いたままでいってしまう……。

さて、妻はこれをどう受け取めるでしょうか。

妻からすれば、プイッと横を向かれているのは怒っていること。「おっちょこちょい」も文字通り「おまえは軽率なんだから」と受け取ります。

すると、「この人は『おまえは軽率で、いつもそのために俺が迷惑しているんだぞ。今回も旅行に行った留守は誰がみると思ってるんだ』といって、怒っているんだわ」と解釈したとします。

普段なら、「何さ、フン」と思いながらもグッとこらえるところでも、虫の居所が悪かったりすると、カチンと来て、どこの家庭でもよく聞かれる次のようなやりとりが始まることになります。

「そんないい方しなくてもいいじゃない。人がせっかく楽しく行こうとしているのに、そんなことといわれると、せっかくの旅行をのびのびと出来ないじゃない。私は、あなたと違ってこんなときでもないと羽を伸ばせないんだから」

「なんだ、その口の利き方は。人がせっかく心配してやっているのに」

「なにが心配よ。あなたは、いつもそうなんだから。人が何かをやろうとすると、出鼻をくじくようなことをいうんだから……。本当に男らしくないのね！」

「ナンダトー！　いい加減にしないと怒るぞ。まったく、おまえの家族はそろってヒステリーなんだから。だいたい、去年の法事のときだって、おまえの姉さんは……」

「こんなときに私の家族のことを持ち出さないでよ、ひきょうもの。あなたの家族だって、５年前の結婚式のときに……」と、とんでもない方向へ話が進んで行ってしまうことにもなりかねないのです。

これは、極端な例かもしれませんが、似たようなズレは誰にでも思い当たるふしがあるのではないでしょうか。

相手に話が通じない理由

✦ みんな「過去の体験から来る辞書」を持っている

コミュニケーションというと、「自分が何をどう話すか」に焦点を合わせてしまいます。そして、相手に通じないと「相手に理解する能力がない」とか「相手が悪いのだ」とか思ってしまいがちです。

しかし、コミュニケーションの基本ポイント④（5ページ）にもあるように、自分だけではなく人はみんなそれぞれ完全なのです。

ただ、その質が人によって違うために、うまく伝わらなかったりしてしまうのです。

例えば、Aさんが、Bさんに伝えたいメッセージ、「Bさんは、いままで見たこともないスゴイ人だ」というプラスの意味を、Aさんの「過去の経験からくる辞書」で、「見たこともない」＝「ユニーク」という言葉を選んで、「Bさんは、とてもユニークな人ですね」と伝えたとします。

一方Bさんの「過去の体験から来る辞書」では、「ユニーク」＝「変わってる」＝「変なやつ」で、Aさんの発言を「自分のことをAさんは、変なやつと思っているんだな」とマイナスの意味としてとらえてしまうこともあるのです。

その人の「自分の過去の体験から来る辞書」がくせものなのです。というのは、1000人いれば1000通りの辞書があることになるからなのです。

世界から見れば、たしかに日本人同士は共通な部分は多いでしょう。日本人全体から見れば、たしかに自分の家族の持つ共通な部分は多いです。

だから、外人よりは、日本人同士、日本人同士の中でも家族とのほうが、コミュニケーションが通じやすいのは当然です。

しかし、同じ親に育てられた兄弟でも、「ばかやろう」と叱られて、落ち込む子もいれば、まったく気にしない子もいるのです。

このように、人がひとつのコミュニケーションから受け取るメッセージは非常に主観的なものなのです。

そのために、通じると思っているが故の誤解も生じてしまうのです。46ページの夫婦の例の場合も、それぞれの辞書のちょっとしたズレによって生まれた誤解だといえます。

◆世代間・地域によって感覚のズレがある

また、世代間のギャップもあります。ある60代の男性が「寝室」という言葉を使ったとき、畳の部屋に布団が敷いてあるイメージを浮かべているとします。でも、それを聞いた20代の女性は、洋室のベッドを思います。

この2つの異なるイメージから連想することは何でしょうか。

和室の寝室からは、ふすま、毎日の布団の上げ下げ、昼間は食堂や居間として使用することなどから、倹約・質素、家族との関わりの中での生活などを潜在意識で連想するでしょう。

かたや洋風の寝室をイメージした女性は、広い寝室、朝ベッドを直さずとも誰にも何もいわれない自由な空間、豊かな独立した生活、といったものを連想します。

これは、簡単にいってしまえば、感覚のズレです。

いくら一生懸命に説明しても、その言葉に対して持っているフィーリングは、ある程度以上は通じません。説明されても、頭では分かってもしっくりとは来ないのです。

言葉は、人の伝えたい思いを完全に伝えることはできないのです。

さらに地方でのいい回しの違い（毒舌で有名なあるタレントが、東京の下町では「ババァ、まだ生きていやがったか」というのは「おばあちゃん、まだまだ元気で死ぬんじゃないぞ」というくらいの意味だといっていました）、家庭環境の違い、自分の聞きたいことと聞きたくないこと、相手の言葉や態度に対する自分の先入観念、そのときの気分……などが加わって、より複雑なものとなります。

こう考えると、人と人とがコミュニケーションできるということ自体、奇跡なのかもしれないと思えてきますね。

◆コミュニケーションの限界

私たちは、お互いのいっていることが理解できるのだという、美しい幻想の中でコミュニケーションをしているだけなのかもしれません。

もちろん、「醤油をとってください」くらいのコミュニケーションは伝わるでしょう。しかし、「おなかがチクチクいたむ」というのは、感じていることをどのくらいうまく表しているでしょうか？

それを聞いた相手は、自分の辞書に照らし合わせながら、それをどのくらい正確に理解できるのでしょう？

さらにいえば、ゴッホの絵に感動して、その感動を人に言葉で伝えることが、どのくらい至難の業でしょうか？　これは、いわゆるコミュニケーションの限界をよく語っているであろうと思います。

コミュニケーションの60％はボディランゲージ

✦コミュニケーションにおいてはボディランゲージが重要

コミュニケーションが複雑でひと筋縄ではいかない原因はまだあります。

コミュニケーションの大部分を占めるのが、言葉ではなく**「声の抑揚」**や**「ボディランゲージ」**だという点なのです。

M・アーガイルという人が行なったコミュニケーションの内訳の研究によると、それは次のようになりました。

ボディーランゲージ　約55%
声のトーンやリズム　約38%
言葉　約7%

これは、たとえば自分の名前を母親に呼ばれるときのことを思い出してみれば、すぐに思い当たるでしょう。

同じ名前でも、ただ呼ばれているとき、叱られるとき、頼みごとをされるときなどでトーンが異なります。長年つき合った家族なら、声を聞いただけで次に何をいわれるかがだいたいわかってしまうものです。

もちろん、技術的な話や、理論的な話をするときなどは言葉自体の持つ割合がもっと増えるのは当然ですが……。

ボディランゲージもさまざま

ボディランゲージには、通常数万もの異なるサインがあるといわれています。でも、解釈は受け取る人、一人ひとりによって異なるのです。例をいくつかあげてみましょう。

- 母親が子どもに向かって手を上げる　↓「ぶたれる」と思って子どもが首をすくめる
- 上司が腕を組み、目をつぶって新しい企画の話を聞いている　↓部下は「きっと、この企画が気に入らないんだな」と思い冷汗が出る
- 得意先のかわいい女子社員がじっとこちらを見ている　↓「自分のことが好きなのかな」と感じ嬉しくなった

ここで気がついてほしいのは、これらの事柄において、**受け取る側の解釈と、ボディランゲージを行なっている側の意図とが、必ずしも一致しているとは限らない**と

いうことです。

母親が手を上げたのは、タクシーを止めるためかもしれないし、頭をかこうと思っただけかもしれません。また、女性社員は近眼ではっきり見えないのでじっと見ていただけかもしれません。それに、解釈するほうも自分の中の「過去の辞書」を用いて自分勝手に解釈しているのです。

母親が手を上げたからといって、ふだん、あまりたたかれない子どもは何とも感じないかもしれません。上司が目をつぶって自分の話を聞いてくれるのを、「ああ、真剣に考えていてくれるのだな」と受け取る人もいます。

つまり、言葉と同様にボディランゲージにおいても、それぞれの辞書が異なることが往々にしてあるのです。

ボディランゲージに関しては、次のことがいえます。

① 人は常に、ボディランゲージを通じてコミュニケーションをしている

② 人は常に、言葉に加えてボディランゲージのコミュニケーションを受け取っている

③ ボディランゲージのコミュニケーションは、頭のレベルで理解されるというよりは、その人の印象や雰囲気として受け取られる部分が多い

ボディランゲージと言葉の不一致はスッキリしない

✦「なんとなく変だな」と思うとき

気持ちと言葉が一致していると、聞き手はスッキリとした思いで聞くことができます。

反対に、心の中では他のことを考えながら、言葉では違うことをいうときは、聞いているほうも「何か変だな」とか「なぜかあの人は信用できない」などという気持ちがどこかに湧いてくるものなのです。

親しい仲間なら、「本当のことをいえよ」とか「何かいいたいことがあるんじゃない？」と聞けるでしょう。

しかし、初対面の人やあまり親しくない人の場合は、「何となく変だな」と思いながらも、そのまま聞き過ごしてしまうのが普通でしょう。

なぜこのような現象が起きるのかといえば、**言葉とボディランゲージは、常に同じことを表現しているわけではない**からなのです。

むしろ、一致していることのほうが少ないでしょう。だからこそ、人は複雑な思いを一瞬にして伝えることができるともいえるわけです。

このように、言葉とボディランゲージが異なるメッセージを伝えることを、**「ダブル・メッセージ（二重のメッセージ）」**あるいは、**「ミクスド・メッセージ（混ざったメッセージ）」**といいます。

優秀なコミュニケーターは、このようなミクスド・メッセージをすかさずキャッチしたり、ときには逆に応用したりするのです。

ひとつのことを言葉でいいながら、他のメッセージを体で伝えたり、または存在感の中に感じさせることができるのです。

役者の芸が、言葉なしでも伝わってくるか否かは、その役者のかもし出す雰囲気にかかっているとよくいわれます。その「かもし出される雰囲気」とは、取りも直さずボディランゲージによるものなのです。

そのときの役に応じて、意識的にボディランゲージと言葉を一致させたり、不一致にさせたりできる柔軟性を持った役者が、味のある役者ということになるのです。

❸章　相性の合う人、合わない人

知らないと相性が悪くなる情報処理パターンの違い

◆ 3つのコミュニケーションタイプ

人は個人個人、考え方のアプローチが異なります。これは、脳の中で情報の処理の仕方、つまり、情報のプロセスの方法の違いによるものなのです。

脳の中におけるプロセスの違いは、その人のコミュニケーションの端々に出てきます。どのような種類の言葉を使うかはもちろん、しゃべり方のトーンやジェスチャー、目の動き、姿勢にまで及びます。

それらを少し意識して観察すれば、相手の気持ちをより深く理解し、自分の表現したいことをより効果的に相手に伝えられるようにもなるのです。

そして、このプロセスの方法は、大きく3つのタイプに分類されます。

それは、**視覚的、聴覚的、感覚的**の３つです。

同様に、この3つのうちのどれをおもな情報処理の手段としているかによって（もちろん、すべての人がこれらの3つの全部を使っていますが）、その人のコミュニケーションのタイプを視覚派、聴覚派、感覚派の3つに分けることができるのです。

簡単にいえば、次のようになります。

●「視覚派」は、頭の中でおもにイメージや絵を描きながら、それをもとに情報を処理している人
●「聴覚派」は音や声をもとに考える人
●「感覚派」は感じをもとに情報を処理する人

もちろん、人はこの3つのすべてを使っています。

ただ、そのうちのどれかひとつが、その人の主要な情報処理タイプになっているのです。

なお、この本で「感覚派」というときの感覚は、ふつうにいう五感では「触覚」にあたります。ただ、必ずしも皮膚で触れるものだけでなく、体の中の感じも含まれるので、あえて「感覚」という言葉を使っています。

✦ コミュニケーションの相性

同じタイプ同士は何となく相性が合う気がしやすく、タイプが異なる者同士は、よく知り合わないとなかなか相性が合うとは感じにくいのです。

インスピレーションでこの人とは合いそうだと思っても、実際に話してみると何かしっくりこないという経験を持つ人は多いでしょう。

これは、相手の人と深いところでの相性は合っているかもしれませんが、**コミュニケーションの相性が合っていない**ということが多いようです。

深いところの相性は合っていると感じている夫婦でも、このコミュニケーションのタイプが一致していないだけで、相手を理解できなくなったり、相手に理解してもらえないと思い込んでしまったりして、いさかいが起きることも少なくないようです。

さて、次の3行を声に出して読んでみてください。

「絵を聞く」

「音を感じる」
「気持ちを見る」

単に、異なるタイプの言葉を組み合わせてみただけですが、何か変な感じがするのがおわかりになるでしょう。

タイプが異なると、このように、どこか妙なちぐはぐさが出てくるのです。もちろん、実際はもっと微妙で、気をつけて見ていないと、聞いていないと、そして、感じていないとなかなか気がつきません。

そのため、ちぐはぐさを感じながらもそのままコミュニケーションを進めていることが多いのです。

しかし、それでは、うまくいくものもダメになってしまう可能性も出てきてしまうのです。

なぜ、３ヶ月もすると愛が感じられなくなるのか？

すれ違いになった２人

木の芽が青く吹きはじめる春に、A君とB子さんはつき合い始めました。

A君はどちらかというと、Tシャツにゆったりめのジーパンというラフなカッコが好きなタイプで、身だしなみなどは二の次、男はハートだと思っています。

B子さんは、洋服の色のコーディネイトなどにも気を配り、何でもものごとはキッチリしたいタイプでした。

２人は映画やレストランと時間が許す限りデートをしました。

最初のうちは、A君もカッコイイ服を選び、ふだんは髭をそるときくらいしか見ない鏡で全身をチェックしてからデートに出かけていました。花を買って行ったり、B子さんの好きなCDをプレゼントしたりするなど、いたれりつくせりのつき合いでした。

公園を散歩するときには手をつないだり、やさしく肩を抱いてあげたり……そんなA君をB子さんも大好きでした。

ところがつき合い始めて3ヶ月もしたころ。ある日、B子さんはA君がちょっと擦り切れたジーパンをはいて来たのに気がつきました。

それ以来、A君は以前のようにきれいなカッコではデートに来なくなったのです。

B子さんは内心、

「そういえば、このごろは花やきれいなリボンのかかったプレゼントもくれない。私は先週もすごくおしゃれなシャツとネクタイをプレゼントしたのに……。別にものが大切なわけではないけれど、好きな気持ちがあれば自然と形として出てくるはずよ」

と、だんだん心配になって来ました。

「彼は私のことが嫌いになったのかしら？　最近はきたないカッコはしてくるし、以前ほど話もしてくれない。それでいてベタベタと手を握ってきたり、すぐに肩に手を回したり。結局、男の人はいやらしいことをしたいだけなのかしら？　私はこれだけ彼のためにいろいろしているのに……。本当に私のことが好きなのならもっと態度に見せてほしいわ」

かたやA君はといえば、いままでは一生懸命B子さんを喜ばせようとしてきたけれど、つき合いも長くなってきたし、そろそろ自分の本当の姿を見てほしいと思い始めていました。

「ふだんの僕は、きたないジーパンをはいてあまりお金も使わない。B子はいまだによくプレゼントをくれるのはうれしいけど、もし結婚でもしたら洋服ばかりにお金を使うのは考えものだなァ。いつも、あんなにキチンとしたカッコばかりしたら疲れてしまうよ。そういえば、近ごろは手を握ってもすぐ離してしまうし、オレのこと嫌いになったのかな。公園なんかで2人で並んで座って体が触れ合って温かみを感じているときって、最高に幸せなのに……。オレはこんなにあいつのことが好きで、目一杯愛情を表現しているのに、あいつときたら、髪をキチンとしないのとか、服装のことしかいわないいんだから。2人は相性が悪いのかな?」

◆自分のタイプに戻っただけ

さて、この2人の間では、何が起きているのでしょうか?

B子さんは、自分のために気を使ってキチンとした服を着てくれたり、きれいなリボンのかかったプレゼントをもらったりすると「愛されている」と感じるようです。これらは、視覚的なものに刺激されやすいタイプだといえます。

一方A君は、手を握ったり、体が触れ合ったりというような感覚的な場面で「2人はひとつなんだ」と感じるタイプなのでしょう。

ただ、A君も、つき合いを始めたころは、夢中だったたから何でもしました。デートに着て行く服に気を使ったり（視覚的）、プレゼントをあげたり（視覚的）、やさしい言葉で「好きだよ」とささやいたり（聴覚的）、もちろん手を握ったり肩に腕を回してあげたり（感覚的）もしました。

B子さんも、デートのときはいつも違う服をコーディネイトする（視覚的）だけでなく、どちらかというと人前で肩に手を回されたりするのは好きなほうではないのですが、はじめは新鮮だったのでいいほうに受け止めていました。

それが3ヶ月もして、お互いに慣れてくると、「自分が愛されていると感じる方法で行動していれば、当然相手も愛されていると感じるはずだ」という思い込みから、次第に普段の自分のパターンに戻っていったわけなのです。

そして、互いに精一杯、自分なりに愛情表現をすればするほど、相手に気持ちが伝わらなくなって行くのです。

よく、性格の不一致などと称して離婚するカップルが多いですが、互いのコミュニケーションのタイプの違いを把握していなかったり、相手を理解する術を知らなかったりするだけのことも多々あるようです。

人には、このように価値観の異なるコミュニケーションのタイプがあるということを知っているだけでも、数多くのカップルが救われるのだろうと思います。

「視覚派」のセールスマンが「感覚派」の客に車を売ろうとすると……

◆ 話がかみ合わない2人

車を買おうとしている感覚派の客に、視覚派のセールスマンが訪れてきた場面を見てみましょう。

セールスマン：「こんにちは、今回A社から発売されたスポーツカーに興味があるとお聞きしまして、説明に参りました」

客：「こんにちは、さっそくだけど、あの車はいままでの車とどんなところが違うのですか？」

セールスマン：「はい、とても革新的な車でして、エンジンはV６・３ℓの五速です。最高出力は二七四馬力と少し小さめに思えるかもしれませんが、実力では外国車にもひけをとりません」

客：「二七四馬力といえばすごいだろうね。走ったときに、こうブルブルンと響いてきそうだね」

セールスマン：「それはもう、その通りです。しかも、スタイルがまた抜群なのです。ごらんください、この写真を。１４０㎝の低い車体と真っ赤なボディ。イタリアのデザイナー５人に２年間かけて設計させたものです。もちろん色も20種類以上取りそろえています」

客：「まあ、色はどうでもいいけれど、車体が低いのは乗り心地が悪そうだね。僕は、こう、ゆったりと地面の感覚を楽しみながらドライブをするのが好きなんですよ」

セールスマン：「それは一般の乗用車から比べればそうですが、みなさん、このスタイルにひかれます。自分が乗って運転しているところを想像してみてください。晴れた日に、紅葉する高速道路を突っ走っているところなんか絵になりますよ。シートも少し硬めにしてあって、コーナーでもしっかりと体を支えます」
客：「シートが硬いんじゃ、疲れそうだね」
セールスマン：「ハア、でも彼女を乗せて走るのなんか最高ですよ。みんながカッコイイ、カッコイイっていいますよ」
客：「カッコがよくても、乗り心地が悪かったらしょうがないじゃないか。誰もカッコがよければ、着心地の悪い服でも着るということはないでしょう」
セールスマン：「それはー、そうですが……（自分では少し我慢しても見栄えのする服を着るので、思わず返事に困ってしまう）」
客：「まあ、だいたいわかりました。興味があったら電話しますので、また来てください」
セールスマン：「でも……。その……」

タイプを誤解すると交渉も失敗する

この2人の会話は少し極端には書きましたが、どういうわけか話が噛み合わない例として読んでください。

セールスマンは、自分が視覚的なタイプなので、その車のスタイルのよさ、それに乗るとまわりからどう見られるか、色はどんな色がよいかなどが、相手にとっても感心事だと思い込んでいます。

だから、自分の気に入っていることを一生懸命説明して、相手から同感を得ようとしたのです。

一方、客のほうはというと、感覚的なタイプだから、乗り心地や走っている感じがいいかどうかを知りたがっています。彼にとっては、カッコや見栄えは二の次なのです。細かいデータも結局、最終的な感じが悪ければ何の意味もない。シートの座り心地、シフトレバーの感触、走っているときの振動、窓を開けたときの風が顔に当たる感じなどが彼にいい車に乗っているなという実感を与えてくれるのです。

それなのに、このセールスマンのいっていることは、頭でわかるのだがどうもシックリこない。すなわちハートが納得しないというふうになってしまったのです。

このように、相手のコミュニケーションのタイプを誤解したり、把握していなかったりすると、せっかくの交渉が失敗に終わるだけでなく、「あいつはどこかポイントズレているヤツだ」という悪い印象を与えかねないのです。

しかし、逆にいうと、**相手のタイプを知っていれば、その人をよりよく理解する助けとなり、しかも自分をよりよく見せる手段ともなる**のです。

「あの人」は視覚派？　聴覚派？　感覚派？

◆ 3つのタイプは体の外にも現れる

人間にはもちろん視覚、聴覚、感覚（触覚）のみならず、味覚と臭覚もあります。

また、実際の頭の中では、視覚、聴覚、感覚と、そして臭覚と味覚の組み合わせにより、もっと複雑な情報処理が行なわれています。

臭覚と味覚も人の情報処理に強烈な影響力を持ちますが、ほとんどの場合は、視覚派、聴覚派、感覚派の３つがメインになります。

３つのタイプは心の動きですが、それは当然、体の外にもさまざまな形で現われてきます。そこで、それぞれのタイプの特徴をみていくことにしましょう。

✦視覚派の特徴

視覚派とは外から入って来る情報を頭の中で、おもにイメージや絵で処理する人のことです。「今晩は何を食べに行こうか」と聞かれて、すぐに、フランス料理のあざやかなソースの色とかステーキの焼き上がり具合などがイメージで頭に浮かんできたり、レストランの情景が見えたりする人です。視覚的な人は一般に次のような傾向があります。

身体的特徴及び行動

一般に背筋が伸びていて、胸を張っています。顔もどちらかというと少し上を向いています（後で述べるが視覚派の目玉は上を見ていることが多いので自然と姿勢も真っ直ぐ伸びる人が多い)。往年のアメリカを代表していた俳優のジョン・ウェインなどは典型的な視覚派だといえます。このタイプの人は、人にきれいなリボンのかかったプレゼントをあげたり、真っ赤な薔薇の花を贈ったりします。

また、人の前で忙しく仕事をして見せる、部屋はいつもきれいにしておかないと気がすまない、服もコーディネイトなどにこり、きれいなカッコをするなどがあげられます。

声と話し方

少し高めの声を出し、どちらかというと早口の人が多いです。なにしろ、頭の中にイメージが次から次へと浮かんで来るのを一生懸命説明するのだから、話し方も必然的に速くなるのです。呼吸も比較的浅めです。

目と手の動き

目は、上方を見ながら頭の中でイメージを探していることがよくあります。また、焦点が合っていないまま正面を見ることが多く、手も肩から上のほうでよく動かします。

言葉

イメージに関する言葉や表現をよく使います。「未来は明るい」とか「見栄えがする」など、何かを説明するのに、色や形を使った描写をします。データや表など目に見えるものを好み、決断の材料にする傾向にあります。

代表的職業

建築士、服飾デザイナーや工業デザイナー、インテリア・デザイナー、画家、ビジョンを持つ経営者やビジネスマン（企画の全体像を感覚では整理できないし、組織全体をとらえるのに聴覚的に迫っていったのでは遅い。視覚的イメージだと全体がひと目で把握できるので）に多いです。

✦感覚派の特徴

感覚派は、何でも感じながら話したり考えを進めたりします。だから、テンポは当然ゆっくりとなります。触れたり、触れられたりすることが好きで、人によっては本当に好きなあまり極端に嫌ったりもします。

服装や家具なども、自然と見栄えよりは着心地や座り心地、使い心地のよいものを好みます。感覚が第一で、見た目は二の次です。

身体的特徴及び行動

一般に丸い感じの体形で下を向くことが多いようです。言葉も一つひとつ感じながら、または、かみ締めながらゆっくりと話します。動作も、どちらかというとゆっくりしています。手をつないだり、肩に手を回したりのスキンシップを愛情表現だと感じます。タレントでいえば渡辺徹さんなどはこのタイプでしょう。

声と話し方

一般には深い声で、ゆっくりしゃべります。ひと言ひと言かみしめながら「だから……そうなんだよね……ウーン、やっぱり……人間って素晴らしいよ！」などと、他のタイプの人にはわけのわからないことを何分もかけて話したりします。

視覚派がこれを聞いていたら、イライラして席を立ってしまうでしょう。視覚派の人にとっては、こんなものは2秒もあればすむことです。

目と手の動き

目線が一般に右下によく行く（左ききの人は左下の場合もあります）。そのときは、脳の中で感じを探っているのです。

手も、胸から下のほうでよく動かします。とくに心臓のところに手を持っていったり、上から下へのモーションが多いようです。

言葉

「あたたかい人だな」、「人当たりがいい」などの感覚的な言葉が自然と多く出ます。
〝言葉に出さなくても分かり合える〟のが好き。

代表的職業

彫刻家、鍼灸師、マッサージ師、陶芸家など。

✦ 聴覚派の特徴

聴覚派は、主に音や声で情報処理をします。他人からいわれたことを、口の中で復唱して確認したり、恋人にやさしい言葉でささやかれるのが好きだったりします。人を思い出すときに、その人の声から思い出したりすることが多いようです。
また、音から受け取る情報のスピードは、イメージからのそれに比べれば遅いのです（試しに、一枚の絵を言葉で誰かに伝えようとしてみればすぐわかります）。だから、テンポは一般に視覚派より遅いのです。まあ、視覚派と感覚派の中間の普通のスピードといったところでしょうか。

身体的特徴及び行動

背筋を伸ばしすぎるでもなく、背中を丸めているでもなく、まあ、普通の姿勢。口の中でぶつぶつと独り言をよくいう傾向があります。話すときは、言葉を大切に選びながら話します。

声と話し方

視覚派と聴覚派の中間のトーン。すなわち、高すぎもせず、低くもない。しゃべるスピードも普通です。呼吸も浅すぎもせず、深くもない。理屈で討論するのが好き。

目と手の動き

目は、一般に水平に左右に動かしたり、左下を向くことが多いようです。手も首から胸くらいの間で動かしがち。話しながら、指を耳にもっていくようなしぐさを頻繁にする人もいます。

言葉

「聞こえがよい」とか「人聞きが悪い」など、声や音をもとにした言葉が多いようです。「これでいけますよ！」とか「君のことが好きだよ」などと言葉に出していわれると弱いのが特徴です。

代表的職業

音楽家、歌手、調律士など。

目線の方向でタイプを見極める

✦ 目の動きをみてみよう

お話ししましたように、情報処理の3つのタイプは、さまざまな動きや態度になって現われます。これらを参考にして相手や自分の判断材料にしていただきたいと思います。

とくに、人が脳の中で情報処理をするときに、それを視覚的に処理しているのか、または、聴覚的、感覚的に処理しているのかということは、**目の動きと密接な関係**があるといわれています。

これは、**NLP（神経言語プログラミング）**の研究においてすでに実証されていることなのです。

左上……視覚的に思い出しています。「昨日着ていた服は何色?」と聞かれていたとき、たいていの人の目は左上を向きます。脳の中の視覚的な記憶の部分から思い出しているときです。

右上……イメージを視覚的に組み合わせたり、組み立てたりしています。「新しい家を建てるときに、間取りはどうする?」などと考えているときがこれ。他にも、「赤い絵の具と黄色い絵の具を混ぜると何色になるかな?」などと考えて、自分の目がどこに行くか試してみましょう。

左横……聴覚的に音や声を思い出している場合に、左横を向きます。「ベートーベンの第九の最初の音は?」とか「父親の声はどんな声?」などと思い出すときです。

右横……聴覚的に組み立てています。「バイオリンとトランペットを一緒に鳴らすとどんな音になる?」とか「こういうとああ返答されて、そしたらこう答えよう」などと、頭の中で音や声で組み立てているときです。

左下……独り言をいっているときです。

右下……感覚を感じているとき(味覚、臭覚も含む)。「彼に『きれいだね』っていわれたとき、どんな気持ちになった？」とか「家に帰って、風呂に入ってビールでも飲んだら気持ちがいいな」などと感じているときです。視覚的な処理をしています。

焦点を合わせずに正面……何かイメージを見ています。

いかがでしょうか？　これらは、右ききの人の約85％には当てはまるといわれています。もちろん、あらゆる人において正しいわけではありません。

だから、人の目の動きを見てすぐにこうだとは決めつけないで、その相手に当てはまるかどうかを見るひとつの目安としていただきたいと思います。

なお、左ききの人では、右と左が入れ代わったりもします。

ただ、ここで気をつけたいのは、一般論や統計は、ある個人を相手にしているときには、まったく当てはまらないかもしれないということです。

この目の動きにしても「左上に目が行っているから、イメージを見ているに違いない」と決めつけるのではなく、可能なら相手に聞いて確かめてみるとよいでしょう。それによって修正ができます。

コミュニケーションに大切なのは、何度もいうように柔軟な心と態度です。目の動きも単なるひとつの情報として使ってみてください。

各タイプ別コミュニケーション術

◆受け取り方はそれぞれ違う

いままでお話ししてきたように、タイプが違うと表現の仕方が随分と異なることがおわかりになったのではないでしょうか？　**表現の仕方が違うということは、受け取り方も異なる**ということです。

人はほとんどの場合、自分がされてうれしい方法で他人を喜ばせようとします。当然のように、他人もそうされれば喜ぶと思い込んでいるのです。

そして、自分がされてうれしいことを他人にしてあげて喜ばれないと、「あの人はどこかおかしい」とか「人の気持ちのわからない人だ」などと思ったりしてしまいがちです。

頭ではわかっても、腹で納得しないといったらよいでしょうか。**人は心で納得しな**

いと本当に理解した気持ちにはならないし、腹でわからないと行動までは素直に結びつきません。

わたしたちは、なまじっか同じ日本語を使っているということで、わかったつもりですませてしまいがちです。そのために小さな誤解が積み重なっていき、心のどこかで「こんなもんだろう」とあきらめてしまったりするのです。

コミュニケーションとは、相手が理解した分だけなのです。

通じていないと分かったとき、相手に通じるようにするためには、相手がこちらに合わせてくれなければ、こちらが合わせるしかありません。つまり、相手のタイプに合わせるのです。

つまり、視覚的な相手には視覚的な表現をし、聴覚的な相手には聴覚的な表現をするということです。それによって相手は、自分をよく理解してくれます。「同じ人種」だと感じてくれるわけなのです。

ここでは、各タイプとのコミュニケーションにおけるヒントを紹介します。ぜひ試してみて、そして、自分なりに発見したことをレパートリーに加えていってください。

ただ、もう一度断っておきますが、ここに記すのは、あくまでも一般論です。実際の人間を相手にするときには、これらを手がかりに相手が自分の望むように反応してくれるものを探し、そして使ってみてください。

これらを使ってみることから得られるいちばんの収穫は、相手のパターンが何であるかということではなく、これを練習することによってあなたの柔軟性が増し、どんな相手にも対処できる術を学び始めるということなのです。

◆視覚派とのコミュニケーション

視覚派には、とにかく**「目に見えるものやイメージ」が基本**となります。

話すときには、できるだけ頭の中でイメージを描きながら、それを説明するのです。清潔な洋服はもちろんのこと、コーディネイトした組合せで着こなすとよいでしょう。上体を少し起こして、相手と同じくらいの姿勢を取り、話すテンポも合わせて早めにします。

相手が、自分の好きな女性なら、プレゼントの箱をきれいな包み紙で包み、リボンなどをかけたりしましょう。もちろん、個人差があるので、相手がどのようにされたときに喜ぶかを、常にみているとよいでしょう。

仕事においては、説明に際して表やグラフなどをつけると効果的です。何が起きているかが一望に見渡せる材料を提供してあげると話が早いです。

◆感覚派とのコミュニケーション

感覚派は何よりも**「感じ」を重んじます**。

感じながらしゃべったり、相手のことを感じてあげようとします。話し方もゆっくりなので、視覚的な人に早口でしゃべられたら、一つひとつ感じていくうちに追いつかなくなり、頭の中が真っ白になってしまいます。

だから、感覚派を相手に話すときには、相手が感じられるようにゆっくりかみくだいて話すようにするといいでしょう。「明日までよく考えてきてね」と話を消化する時間を与えることも時には必要です。

もし、相手がつき合っている女性なら、ときどき手を握ったり肩に手を回したりするなどのボディランゲージも使って、自分の思いを伝えるといいでしょう。

商談の相手だったら、状況が許すなら、背中や膝をポンと叩いたりすると、親近感を与えます。

もっとも、感覚が強いということは同時に敏感だということであるから、反対に触れられることを好まない人もいるので、様子を見ながら行ないましょう。

聴覚派のコミュニケーション

聴覚派は音に敏感、視覚派のようにぺらぺらまくしたてられたら、うるさくてしょうがないのです。反対に、感覚派のように「そんなことくらい、いわなくてもわかるだろう」では、心に響いてきません。

だから、**しっかりとした言葉で理論立てて口に出していってあげることが大切に**なってきます。その際には、言葉を選ぶことが重要です。

相手のタイプがわからないときは?

各タイプ別、コミュニケーション術をお話ししてきましたが、相手のタイプがわからないときにはどうしたらよいでしょう?

そう、視覚、聴覚、感覚のすべてを総動員させればよいだけです。

相手が彼女ならきれいなプレゼントに優しい言葉、そして触れ合いということです。

よく観察しながら活用してください。

❹章　潜在意識から よい印象をつける テクニック

ペーシングで相手を思う方向に導く

◆相手につながるペーシング

相手のペースに自分を合わせることによって、相手につながることをペーシングといいます。自分のペースに相手を合わせるのではありません。別のいい方をすれば、**「相手の波長に合わせる」**または**「相手のチャンネルに合わせる」**ということになるでしょう。

そして、このチャンネルが合っている状態を「ペーシングができている」といいます。

また、この状態を、「ラポールが築けている」というときもあり、相手と自分の間に信頼関係（ここでいう信頼関係とは、生理レベルの信頼関係）が築けているということを表わします。

いかなるコミュニケーションにもまず必要なのが、このペーシングなのです。チャンネルが合わなければ、つまりペーシングができていなければ、何をいっても通じないのです。

みなさんがいま、この本を読んでいる場所にも、複数のテレビ局の電波が飛び交っているでしょう。しかし、テレビという受信機を持ってきて、しかもチャンネルを合わせないと、それらの電波を情報として受け取ることはできません。

同様に、コミュニケーションにおいても、相手と波長を合わせることによって、はじめて本当の意味での情報交換ができることになるのです。そのときに、頭だけでなく心で納得できるようなコミュニケーションとなるのです。言い換えれば、ペーシングができたとき、はじめて、その人をその人の価値観や世界観から理解することができるのです。

波長を合わせて好きな方向へもってゆく

ここで、「私は自分が相手に合わせるのではなく、相手を自分に合わさせたいのだ」という人がいるでしょう。

ごもっともです。相手を必ず自分に合わせられる方法があったら、私もぜひ知りたいと思います。

しかし、コミュニケーションとは不思議なもので、ほとんどの人は他人にコントロールされるのを嫌います。

こちらに合わさせたいと思えば思うほど、相手はよそを向きます。

それとは逆に、自分の気持ちを分かってほしいと思う前に、相手の気持ちを察してあげると相手のほうもこちらのことを考えてくれる……。こういう経験は誰でも持っていることと思います。

まったく異なるチャンネルでは、話は通じません。「あの人とは波長が違う」とはよくいったものですね。でも、**一度、波長が合えば、そこから自分の好きな方向に導いていくことも可能**となるのです。

相手が合わせてくれなければ、あなたのほうが合わせる……この柔軟性がペーシングの基本なのです。

コミュニケーション上手な人の秘密のテクニック

✦相手と簡単につながれるペーシング

コミュニケーションの上手な人や人を動機づけするのがうまい人は、必ずペーシングを行なっているのです（本人が意識しているかいないかにかかわらず）。

ペーシングをするには「つながる」というのがキーワードとなります。次のようなものは、聞き手と素早くつながれるペーシングの方法だといえます。

- 手をあげさせる
- 共感させる
- 驚かせる
- 笑わせる

どのような手段でもよいから、聞き手と話し手がつながればよいです。

この無意識のペーシングを一瞬にして行なってしまう人もいます。歩き方、間の取り方、存在感などだけで人をひきつけ、結果としてペーシングしてしまうのです。

しかし、ほとんどの人は、なかなか相手とつながれずに、苦労していることでしょう。そこで、先に挙げた4つをもとにして、ページングの基本のようなものを考えてみましょう。

◆手をあげさせる

これは、話し手のいっていることを、その指示に従って行動を起こすところまで積極的に聞いていることになります。だから、別に手をあげさせるだけではなく、「みなさん、今日一日の疲れを発散させるのに少し伸びをしましょう」といって、立ち上がって伸びをしてもらうのもいいでしょう。

また、うなずいてもらったり、深呼吸をしてもらうのもよい方法です。

要は、**話し手と聞き手がつながればいい**のです。

聞き手がこちらの指示に従って行なう動作が大きければ大きいほど、深くつながっていることになります。信頼関係ができていることになるのです。

コツは、相手が抵抗なくできるような小さな動作から始めて、徐々に大きな行動へと移していくことです。

共感させる

自分の体験談や感動する話など、人々が共鳴できるものによって共感させるのです。共感すると、人は文字通り、ともに感じ、そしてつながることができます。

涙を流せるような話や、環境問題や犯罪に対しての怒りを呼ぶものでもよいでしょう。または、未来に向かって明るい希望を持てる話もよいのです。

肝心なのは、本当に感じられる話題を使うことです。自分自身が感じられないものは、人にもどこかにちぐはぐさを残します。

真実を話すとき、無理にドラマチックにしようという誘惑さえ横に置けば、人は感動し、そしてつながるのです。

驚かせる

人は、驚いたときにも一瞬ガードがはずれるのです。

怖い驚きの後は、以前にも増してガードが固くなりますが、コップを落とした音で驚くような中立な驚きや楽しい驚きではガードがゆるみます。しかも、注意をこちらに向けることができるのです。

「驚くこと」は、意識的な反応ではなく無意識的な反応です。だから、驚かせることができれば、非常に深いレベルでペーシングが行えたことになるのです。

目の前で予想も出来ない結果が出るような実習や演習を行ったり、ときには、それまでの話と一見まったく関係ないことをしたり話したりして、意外性によって驚かせるのもいいでしょう。これらは、話している人の創造性の見せどころとなります。

笑わせる

これも「驚き」と同様に無意識な反応であり、とても簡単に深いレベルでつながれるよい方法です。

それに、なによりも笑うことは楽しいです。人は本来、楽しいことが大好きなのです。そして、笑いは伝染します。笑いは心を洗い清める浄化剤なのです。

アネット・グットハートというアメリカ人の女性が行なった「笑いのセミナー」というのを見たことがあります。彼女は〝笑い〟を使って、企業の管理職相手のセミナーや、ガンやエイズ患者のためにカウンセリングを行なったりしている変り種です。

セミナーの最初に、彼女は笑いながら登場します。そして、会場にいる参加者がほぼ全員笑い出すまで笑い続けるのです。

5分もすると会場中が笑い始めます。涙を流しながら笑う人、たまらず椅子から転げ落ちそうになりながら笑っている人などさまざまです。

その彼女が、「笑うのに理由はいりません。冗談がいえなくてもいいんです。ただ、笑えればいいんです」といったのがとても印象的でした。

笑いだけでなく、これらの手段をうまく使うと、**人と表面の知的レベルだけではなく、感情レベル、さらに潜在意識レベルでつながることができる**でしょう。

潜在意識に働きかける4つのペーシング・テクニック

◆ 体のレベルから潜在意識に働きかける

3章でお話ししましたように、コミュニケーションがなかなか通じないのは、おもに視覚、聴覚、感覚のタイプの違いによって通じなかったり、ペーシングができていなかったりするためです。

これらの3つのタイプにおけるペーシングに関して、視覚派には視覚的な、聴覚派は聴覚的な、感覚派には感覚的な言葉遣い、声のトーン、話す速さなどを使えばよいとお話ししました。これらは、言葉を使ったペーシングなのです。

ここからは、さらに言葉やしゃべり方以外のペーシングの方法も説明しようと思います。

おもにボディランゲージを使って、**体のレベルから潜在意識に働きかけ、相手に同**

調する方法です。

これができると、**人はあなたに対してなぜか親近感を覚えたり、何となく話しやすくなったり、または、自分と同じ種類の人間だと感じたりする**ようになります。

その4つの潜在意識に働きかけるペーシング・テクニックは次のとおりです。言葉を含めて4つの方法を紹介します。

① **姿勢を使ったペーシング**
② **呼吸を使ったペーシング**
③ **リズムを使ったペーシング**
④ **言葉を使ったペーシング**

練習は少し必要ですが、ペーシングがしっかりできていると、相手の気持ちが比較的理解しやすくなります。

なぜならば、相手とあなたがひとつにつながるからです。真にペーシングができているときには、自分が姿勢を変えると相手も（または、相手が姿勢を変えると自分も）、知らない間につられて動くようになってしまいます。

気持ちの合った夫婦（別に表面ではケンカをしていても）や息の合ったチームが、知らず知らずのうちに同じ動作を始めたりするのはそのためです。

最初は、友達との雑談のときなどを選んで練習するようにしてみましょう。はじめから、会社のお得意さんや、自分と利害関係にある人で行おうとしても、そうすぐにはうまくいくものではないし、悪くすると関係を悪化させてしまうこともあるので注意してください。

姿勢を使ったペーシング

✦ 姿勢を使ったペーシングの基本

姿勢を使ったペーシングは、ペーシングの中でも最もやりやすい方法のひとつでしょう。

相手の姿勢に合わせて、自分も同じ姿勢になるだけです。

相手が腕を組んでいれば、こちらも腕を組みます。相手が足を組んだら、こちらもそうします。いすの背によりかかり、手をお腹の前に置いているのなら、こちらもおなじように真似をするだけです。

◆マッチングとミラーリング

姿勢のペーシングには、大きく分けてマッチングとミラーリングの2つがあります。わかりやすく違いを説明すると、次のようになります。

①　マッチング

相手が右足を左足の上に組んでいたとしたら、自分も右足を左足の上に組む。首を左にかしげていたら、自分も左にかしげるわけです。すなわち、相手とまったく同じような動作をします。

②　ミラーリング

文字通り鏡に映っているがごとく、相手が右手で顔をかいたらこちらは左手で顔をかく。

右足を左足の上に組んだら、こちらは、左足を右足の上に組む。

相手と並んでいるようなときはマッチング、向かい合って座っているようなときはミラーリングのほうがやりやすいでしょう。効果の面からはどちらでもあまり変わりません。

◆ 慣れてきたらバリエーションを変えてみる

「姿勢のペーシングをすると、すぐに、相手に変だと気がつかれてしまわないか」と思う人がいるかもしれません。

以前、この姿勢のペーシングを学んだセールスマンが、すぐ次の日に、まったく期待していなかったお得意さんのところでさっそく使ってみたそうです。

そして、そこを去るときには契約書にしっかりとサインをもらっていました。

彼は「あれだけ大げさにペーシングしても、相手は気がつかないものですね」と喜んでいました。実際に使ってみるとわかりますが、相手は別に鏡を見ているわけではないので不思議と気がつかないものなのです。

ただ、目上の人や、仕事のお得意さん相手に足を組むわけにもいかないときがあります。それに、第三者から見るとあまりにもあからさまでエレガントではない場合もあります。

姿勢をそのまま真似ることに慣れてきたら、よりエレガントなコミュニケーションを目指して、次のようなバリエーションに移ればよいでしょう。

バリエーション①　動作を小さくする

相手が足を組んでいたら、自分は足首だけで交差したり、大きく顔を左に向けたときには、こちらは小さくちょっとだけ向けたりしてみましょう。あるいは相手が顔をかいたら、こちらはなでるくらいにするなどしてみましょう。

バリエーション②　時間を遅らせる

相手が足を組んだら、1、2秒遅れて、こちらも足を組んでみる。上を向いて何かを考え始めたら、少し遅れてこちらも顔を上に向けるなどしてみましょう。

バリエーション③　相手の動作のもっと微妙な部分でペーシングをする

たとえば、膝の上に乗せている手の指のそろえ方、左右の肩の傾き具合や足のつま先が向いている角度などでペーシングを行なってみましょう。

呼吸を使ったペーシング

✦呼吸が合えば深いペーシングができる

呼吸は、体の中で起きているさまざまな生理現象と深く結びついています。

日本語の言葉の中にも「あの人とは息が合う」とか「あうんの呼吸」などよくいいます。文字通り、呼吸が合えば深いペーシングができるのです。

あるアメリカのコンサルタントが企業で講演をしたときの話です。

彼は、「日本には『息が合う』という言葉があり、ＴＱＣ（トータル・クオリティ・コントロール）のミーティングのはじめにはこうやってみんなで呼吸をそろえるそうです」といって会場にいた人々にも、彼の手の上下に同調して呼吸をさせました。
5、60人の人々の呼吸が合うと、部屋全体が本当にひとつの空気に包まれる感じがしたといいます。

日本の企業のＴＱＣで、手を上げ下げしながら呼吸を合わせるなどということは聞いたことがないですが、「日本では……」と話しながら、そこにいる全員にやらせてしまうのはとても賢い方法ですね。

これで、会場の空気が文字通りひとつになってしまい、話をするのがグンと楽になったわけです。

呼吸を使ったペーシングの基本

相手の呼吸に合わせて、自分も呼吸をします。最初のうちは、なかなか相手の呼吸が読めないかもしれません。

胸を見るのもいいのですが、冬などに洋服をたくさん着ていたり、また、相手が女性だとあまり見つめることもできずに困る場合もあるでしょう。

そこで、**肩の上下を見るとわかりやすい**でしょう。

また、人は話すときには、息を吐いているのだから、話し終わったところで息をすうという手も考えられます。

呼吸が合わせられないときのバリエーション

もっとも、自分と相手との1分間の呼吸数があまり違いすぎると、呼吸のペーシングが大変だったりします。

人によっては、ふだん、1分間に10回程度しか呼吸しない人もいます。もし、あなたの呼吸が1分間に20回以上であれば、それを半分に減らすとなると、とてもしんどい作業となりますね。

呼吸を一生懸命合わせるのに汗だくになり、体が緊張でいっぱいになっても、よいペーシングにはなりません。

このようなときには、次のバリエーションを試してみましょう。

もちろん、これらは自分の呼吸が相手に合わせられないときだけでなく、いつでも使えます。また、よりエレガントな方法ともいえます。

バリエーション① 呼吸の替わりに指などでタイミングを合わせる

相手の呼吸に合わせて、たとえば膝の上に置いた指を上げ下げしてみましょう。

相手が息を吸うときに人差し指を持ち上げ、吐く息に合わせて指を下げる。

または、相手の吸う息に合わせて、自分の首を少し上に上げて吐く息に合わせて下げるとよいでしょう。

バリエーション②呼吸の替わりに道具で合わせる

①と同様ですが、ちょっとした道具を使ってみる方法です。

たとえば、相手の呼吸に合わせて、こちらの手に持った鉛筆やボールペンを上げ下げしたり左右に振るのです。

リズムを使ったペーシング

✦パニック患者を一瞬にして落ち着かせる魔法

これは、「あの人とはリズムが合う、テンポが合う」のリズムでありテンポです。

人の体には、たくさんのリズムがありテンポがあります。

先にあげた呼吸もリズムのひとつと考えられるし、心臓のテンポ、物事を考える速さのリズム、体の中の電気信号の周期、これらの組み合わせから来るリズム……と、数え上げればきりがありません。

これらは表面の意識ではなく潜在意識レベルのリズムなので、このうちのどれかと、あるいはいくつかとペーシングができれば、深いつながりが生まれるのです。

このリズムのペーシングについて、知り合いのちょっとしたエピソードがあるので紹介しておきましょう。

ハワイにいるある知り合いが、病院の救急病棟に勤めていました。

救急病棟に来る人たちは、交通事故やケンカで出血などが多く、たいていの場合パニックに陥っています。こういう場合、患者をまず落ちつかせるのが第一なのですが、「病院ではまったく反対だ」と彼は嘆いていました。

移動用ベットは高速道路を走る車のようなスピードで廊下を走り、医者が数人で取り囲みながら、それぞれに叫び、看護婦に指示を与え、誰も患者を落ちつかせる手段を講じません。

患者はといえば、けがと出血だけでもパニックしている上に、自分がいまどんな状態にあるのかも知らせてもらえない。まわりの医者は訳のわからない言葉で叫んでいるだけなので、ますます不安になってしまいます。

だから、泣き叫ぶのも当然です。「患者にしてみればまさに地獄のような状況だろう……」と彼はいっていました。

そんなあるとき、多量の出血と痛さから泣き叫んでいる交通事故の患者が送られてきました。担当の医者の手があかないで、救急窓口に置きっ放しにされていました。

それを見て、彼はその患者のそばに行きました。

そして、「いま、先生が準備をしていて、もうすぐ来るから安心しなさい。誰もあなたのことを見捨てはしないからね。そばにいるからね」と言葉で安心させながら、その患者の脈を取りました。

同時に、その脈と同じリズムで肩をポン、ポンと軽く叩き続けたのです。すると、彼によると、ほんの数分でその人が落ちつきを取り戻したのだそうです。

そして、やっと手があいて駆けつけた医者が、そのけがと出血にもかかわらず落ちついている患者を見て、驚いて彼に尋ねたそうです。

「君はいったい、どんな魔法をつかったんだ⁉」

コミュニケーションは、何も言葉と言葉だけではありません。体と体のレベルでのコミュニケーションも非常に大きな威力を発揮するのです。とくに、子どもや病気の人を安心させるためには、このレベルのペーシングはとても有効です。ペーシングはこのようなところにも応用できるのです。

例えば、母親は無意識に、泣いている赤ん坊を泣き声のリズムに合わせて、声と手でペーシングしています。

みなさんも自分の分野において、どこに応用できるかを考えてみてください。それではリズムを使ったペーシングの具体的な方法に入りましょう。

リズムを使ったペーシングの基本

相手のどんなリズムでもよいから、どれかひとつに注目してみましょう。

呼吸もひとつのリズムだし、貧乏ゆすりでもよいでしょう。目の瞬きのリズムも有効です。人によっては話すときに、一定のリズムでうなずく人もいます。

相手が、持っているペンでリズムを取っているのなら、それに同調してもよいでしょう。相手に合わせて、こちらも同じことをやるのです。

すなわち、瞬きに合わせてこちらも一緒に瞬きをする、相手の貧乏ゆすりに合わせて、こちらも同じリズムで貧乏ゆすりをする……といった具合です。

✦違うものでリズムを合わせるのも有効

このペーシングは、相手のいろいろなリズムを、自分なりに創造的に探すことがポイントになります。

バリエーション①　相手と違うものでリズムを合わせる

相手と違うもので、リズムを取ります。例えば、相手の瞬きのリズムを、こちらは手に持ったペンで合わせる。また、相手のうなずくリズムに合わせて、瞬きで対応したり、机の上で指でリズムを取ったりします。

バリエーション②　話すときに相手のリズムに合わせる

話すときに、相手のうなずきや呼吸に合わせて話すようにします。

言葉を使ったペーシング

✦ 催眠療法家のエリクソン博士のペーシング

言葉にはいわゆる「言葉」の部分、すなわち文字で表わすことのできる「字面」の部分のほかにも、声の高さ、イントネーション（抑揚）、ピッチ（速さ）、そしてリズムがあります。

言葉を使ったペーシングをマスターするには、いままでの方法と比べてより注意深い観察と練習が必要になります。

世界的に有名な催眠療法家のM・H・エリクソン博士は、10代で小児麻痺の発作に襲われ60代には車椅子の生活となりました。

それにもかかわらず、彼はペーシングの天才であったのです。

足はもとより、腕も手もあまり動かせなかった彼は、瞬きなども有効に利用しましたが、とくに言葉を活用したのです（それも半分麻痺した舌で！）。

彼は、視覚、聴覚、感覚の言葉遣い、イントネーション、ピッチ、そして顔を動かすことなどによって、言葉を発する位置などを巧みに使い分け、カウンセリングを行ないました。

高所恐怖症を治したり、過去のことを思い出させたりするために催眠状態に導くのに、まずペーシングによって相手との信頼関係をつくらなければなりません。

ペーシングは別に催眠をかけるための手段ではありません。しかし、人を深い催眠状態に導くためには、それだけ深いレベルで同調する必要があり、それだけ深い信頼関係を作る必要があったのです。

それでは、言葉を使ったペーシングの方法を見てみましょう。

✦言葉を使ったペーシングの基本

基本①　タイプ別の言葉を使うペーシング

前述（72ページ～）の各タイプの見分け方を参考に相手のタイプを見てみましょう。

もし、視覚的なタイプであれば、こちらも視覚的ない い回しをします。聴覚的、または感覚的であればそれに対応します。
声の高さ、イントネーション、ピッチ、そしてリズムもできるだけ相手のものに近くします。

基本② 相手の言葉をくり返すペーシング

これは、相手が使った言葉をこちらも使い、確認するようにあいずちを打つ方法です。たとえば、次のようになります。

相　手：「僕は季節では秋がいちばん好きなんですよ」
あなた：「秋が好きなんですか」
相　手：「秋の京都、奈良はまた格別ですね。紅葉や柿の風情が最高ですね」
あなた：「京都の紅葉はいいですね」
相　手：「寂光院などで夕暮れどきに静かに座っていると心が落ちつきますよ」
あなた：「そうですね。夕方の寂光院は落ちつきますね」

相手が視覚派か聴覚派などと考えなくても、相手が使っている単語をそのまま使えばいいのです。相手の思考パターンに簡単に同調できます。

カウンセリングなどでは、これだけを行なう方法もあるぐらいなのです。話しているほうは、自分の話を確かに聞いてもらった気になって安心するのです。

基本③　話の内容を使うペーシング

これは言葉ではなく話の内容を使います。

相手の立場に立って、あいづちを打ったり質問を入れればよいのです。次のようになります。

相　手：「この前は交通渋滞で会議に30分ばかり遅刻してね。困ったよ」

あなた：「それは、大変だったでしょう。そういうときって、まわりは冷たいから」

相　手：「そうなんだよ。部長からは絞られるし……。でも得意先で契約を取ったから、あんな形だけの会議の30分よりもよっぽど価値があると思うんだけどな」

あなた：「契約を取ったんですか。じゃ、内心は嬉しかったでしょう」

相　手：「わかる？　人は何ていうか知らないけど、僕にとっては大きかったからね」

◆意識的に練習してみよう

ときには、相手が「口にしていないけれどこう感じているだろうな」と、思うことを、こちらが代弁して口に出してあげたりすることによってペーシングを行ないます。ただ、気をつけなければならないのは、へつらう気持ちがあると、これほど安っぽく見えるものもないことです。まあ、そういう関係を作りたいのなら別の話ですが……。

「話の内容によるペーシング」は、普段から自然に使っている人も多いでしょう。それだけに、普段の自分のパターンに入ってしまって意識的にペーシングしていることにならない場合が多いのです。

相手をただヨイショして終わってしまったり、口だけ動かしながら心はそこにあらずであったりしてしまうのです。

普段から似たことをやっていると思う人は、それをさらに一歩、洗練させるために意識的に練習してください。これらの言葉を使ったペーシングには少し練習が必要ですが、奥が深いだけにやりがいもあるでしょう。タイプの違いによる姿勢やテンポとともに使ってみてください。

イメージは相手に影響を与える

✦イメージは体を変化させる

イメージは、古くはヨーガや密教などでもよく使われてきました。瞑想や祈りをしながら、そのときの目的によって、意識の中で特定の絵を描いたりします。

なぜ、イメージしたり視覚化したりすることによって、さまざまな効果があるかのくわしい証明は、これからの科学（科学は常に事実の後追いしかできないので）に任せましょう。

ただ、イメージをすることによって体内の化学変化が促進されたり、体がさまざまなレベルで反応したりすることはわかっているのです。ヒヤッっとした出来事を思い出すだけで冷汗をかいたりする経験は、誰にでもありますよね？

また、ユングによれば、人の潜在意識の奥深くには集合無意識という領域があり、そこで他人の意識とつながっているといいます。

✦ 意識はつながっている

『百番目のサル』（ケン・キース・ジュニア著・佐川出版）という本の中にこんな話があります。

宮城県の幸島という島で数人の科学者がサルを観察していました。

ある日、1匹の子どものめすザルがイモを海水で洗ってから食べ始め、それが少しずつサルの間で広まっていきました。

数年が経ち、ちょうど100匹目（これは比喩的な数字）のサルがイモを洗うようになったと思ったら、その日の午後のうちに島中のサルがイモを海水で洗ってから食べるようになっていたのです。

そして、それだけではなく、驚くべきことに幸島からまったく離れた島に住んでいるサルたちまで、ときを同じくしてイモを洗い始めたというのです……。

これは有名な話なので耳にされた方も多いでしょう。

そして、人の意識が深いところではつながっている例としてよく引用されます。

なぜ、頭の中でイメージしたことが相手に影響を及ぼし得るのでしょうか？

遠くに離れている場合は別として、普段から身近にいる人々との関わりに限れば、いままで学んだことを使って、次のような解釈もできるでしょう。

人がイメージするとき、たとえば会社の上司のイヤな部分を想像したり、思い出したりしているときを例にとって、あなたの体に何が起きるかを考えてみましょう。

✦嫌いな思いは必ずどこかに現れる

まず、その上司のイヤなイメージを思い出すたびに、体は微妙に反応します。実際にその場にいるがごとく、感情とともに体が緊張したり、冷汗が出たりします。ひどいときには、「思い出すだけで吐き気がする」ということになります。

本人は一生懸命、表情や態度に表わさないように努力しても、何十万とあるボディランゲージがしっかりコミュニケーションしてしまうのです。

緊張している人のそばにいるだけで、あなたまで緊張してしまった経験はありませんか？　頭と頭のレベルではなく、体と体、潜在意識と潜在意識のレベルでコミュニケーションしてしまうのです。

同様のことが、実際に嫌いな上司の前に行っても起こるのです。

相手も頭では意識していないかもしれません。しかし、体であなたの批判的な雰囲気を感じ、それに反応してしまうのです。

自分に批判的な人に対したとき、普段あなたはどのような態度をとるでしょう？　態度にまで出なくても（もちろんボディランゲージには出てしまいますが）、どんな気持ちになるでしょう？　相手に対してどんな感情を持つでしょう？

相手が批判的な気持ちを持っている場合、こちらもどこかで相手を批判し始めるものです。少なくとも、批判していることを批判したりするのです。

それに加えて、いやなイメージを思い出すたびに、その上司のイメージ（顔だけであろうが、体全体であろうが）と、そのときのイヤな感情が再び結びついてしまうのです。

くり返し思い出せば思い出すほど、そのときのイヤな感情が強ければ強いほど、否定的な結びつきが強化されてしまうのです。批判・非難は諸刃の剣なのです。

確実にイヤな気分になるのは相手ではなく、自分だということを覚えておいてください。

なお、**このようにイメージと感情などが結びついてしまうことを〝アンカーリング〟**といいます（くわしくは次の章でお話します）。

これを用いて逆に相手からの好印象を確かなものにすることもできます。この点についても次章でくわしく解説します。

イメージを変えれば、気の合わない人ともうまくいく！

✦イヤな上司もイヤじゃなくなる

では、イメージを変えてみるとどうなるでしょうか？

「まあ、過去には上司との間にいろいろあったが、このままの関係はもうイヤだ。どちらにしても自分が損をする。ちょっと実験のつもりで変えてみようか」と思ったとします。

まずは、その上司のいちばんいい状態を思い出してみましょう。

または「この人のここは長所だ」とあなたが受け入れられる個所を思い出します。

他の人がいくらいいといっても関係ありません。あなたにとっていちばんいい記憶をたどりましょう。

たとえば、同じ課のだれかが病気になったときに、やさしい声をかけてあげていたとか、会社からの帰り道で、通りすがりの子どもに「いないいないばー」をしていた微笑ましい情景、または、ヘマをしたとき思わず顔を赤らめ頭をかいていたこと……など何でもいいのです。

それでも何も思い出せない人は、想像力を使うしかないですね。

「きっと、あの人も自分の子どもにはやさしいのだろうな」とか、「あんな性格になった背景には、きっと、悲惨な（笑）幼児期の体験があったのだろうな」とか、あなたが納得するものなら何でもいいのです。

その人に対する新しいイメージを描いてみましょう。いいイメージをできるだけ鮮明に細かいところまで見ます。すると、その上司のイメージといい感情の新しい結びつき（アンカーリング）ができます。

潜在意識はコミュニケーションし始める

いいイメージが想像できて、気持ちのいい感情を感じると、あなたの体はそのメッセージを、ボディランゲージを通じて上司にコミュニケーションし始めます。

そう、「私は、あなたが本当は素晴らしい人間だって知っていますよ」と雰囲気で伝え始めるのです。

皮肉ではなく「あなたは素晴らしい人間だ」といわれて悪い気分になる人はいません。あなただって、誰かからそのように思われれば、嫌われていたときと比べて、反応が変わってみますよね？

上司も同じなのです。照れ臭くて一見表面には出ないかもしれません。しかし、雰囲気には出てくるはずです。

「なぜか、あの上司の態度が柔らかくなった」と、感じが変わってくるに違いありません。もちろん、表面的にもガラッと変わる人もいます。

そして、少し優しくなった上司を見ると、さらにいい結びつき（アンカーリング）が強化され、今度はもっと簡単に彼のいいイメージを描けるようになります。

すると、あなたの彼に対する態度と雰囲気がさらに寛容になり、相手もそれに反応します。このように、連鎖反応で状況がどんどん改善されていくのです。

どちらにしても、イメージは自分の雰囲気やボディランゲージ、すなわち潜在意識レベルでのコミュニケーションを切り換える引き金になると考えればいいでしょう。

イメージによってあなた自身の雰囲気や行動パターンを変えれば、それはさまざまな方法で相手に伝わると解釈できるのです。

イメージを使って相手から好かれる6つのステップ

メンタル・リハーサルでうまくいく

お目当ての彼氏や彼女がいるのに、なかなかうまくいかなかったり、またはうまくいってもすぐにダメになる人のためのイメージ法をお話ししましょう。

内容は異なりますが、大まかな流れとしては、メンタル・リハーサルといってスポーツなどではよく使われる方法です。

①　まず、相手と自分を同時に想像する

相手はイメージの中でどこにいるでしょうか？　位置は上のほうでしょうか？　下のほうでしょうか？

そして、自分のイメージは相手と比べてどこにいますか？　同じ高さでしょうか？

それとも、近くに並んでいるのか、離れているのかを見つけます。

もし、自分が相手にとってぴったりのパートナーと思えないと、並んでイメージできません。

相手を素晴らしいと思っているほど、自分が同様に素晴らしい人間だと思えなければ、潜在意識のどこかで相手を押しやってしまったり、自分から去っていく状況を作り出してしまったりするのです。

人間の潜在意識はそれくらい巧妙で創造性に富んだものなのです。結局、**人は心の奥で自分にふさわしいと思っている人だけを引きつけます**。相手が素晴らしい人であればあるほど、自分もそれに見合う人間だと思えなければなりません。

②　イメージの中で、自分と相手を隣に並べてみる

お似合いのカップルでしょうか？　居心地はいいでしょうか？　悪いでしょうか？　もし、ぴったりの2人に見えなければ、足りないところは何なのかを考えてみましょう。自分の容姿なのか、性格なのか、自信がないのか、仕事が釣り合わないのだろうか……。

その他、何でもいいから、**浮かんでくることを紙に書いてみましょう**。イメージの中で相手と自分が並んでいた人も、いま一度見てみましょう。

何か不自然なところはありませんか？　もっと自然なお似合いの2人になるためには何か足りないところはありませんか？

③　イメージを動かして、2人が生活している所をイメージしてみる

いつも夢を見ているその生活は本物に見えるでしょうか？

たとえば、炊事洗濯が嫌いなのにイメージの中ではいい主婦のフリをしたり……という、非現実的なことをやってはいませんか？

もし、そうだとしたら、炊事洗濯が好きになるまでは一緒になれないと、心のどこかで思っていることになります。

④　イメージの中の自分に入って感じてみる

いままでは外から自分の姿を客観的に見ていましたが、今度は、そのイメージになりきって自分の目で見て体で感じてみましょう。

そして、②と同様に、相手と自然にいられるためには、何が足りないかを書き出してみます。

⑤　イメージで足りない部分を補う

今度はイメージの中の自分に、これらの足りない部分を満たしてあげます。イメージの中では何でもできます。夢の中と同じです。

例えば、「自分に自信をつけよう」といい、イメージの中の自分に自信を与えます。「容姿はしょうがないから、化粧をちょっとと、中から輝くくらい性格をよくしよう」といってイメージの中の自分を変えるのです。

これをくり返したあと最終チェックをします。

いまの自分のイメージはとても自然に相手とつき合っているでしょうか？　とても自然であればここまでは成功です。

⑥に進みましょう。もし、まだ、十分自然でなければ、②から④をくり返します。

⑥　⑤のイメージで補ったポイントを実際の生活の中で身につける

例えば、服装のセンスがつり合わないと見えるなら服装のセンスを磨きます。歩き方がおかしいのなら、さっそうとした歩き方ができるようにすることです。それらを身につけたとき、真に相手と対等な自分となれるのです。

また、これを行なっていく過程で、いままで見落としていた事柄が見えてくるかもしれません。それも加えていけばよいでしょう。

◆すべては「ありのままの相手」を受け入れるところから始まる

この世に対等でない人間関係は存在しません。

しかし、対等に感じられないとき、目の前に相手が一緒にいても、それを100%受け入れることができません。

真の人間関係は、対等なもの以外ではあり得ないのです。ちょうどコミュニケーションのチャンネルと同じです。波長が対等にならなければ、本当の相手は見えません。自分の期待から作り上げた相手のイメージがあるだけです。

そして、そのイメージに実在の相手の行動や言動が当てはまらないと、文句をいうようになります。「こういうべきだ」とか「こうするべきだ」というようになります。

人は、自分がありのまま受け入れられたと感じるとき、真に心を開きます。すべてはそこから始まります。これが完璧なペーシングだといえます。

イメージは正直です。自分が相手とお似合いでないと潜在意識で思っているときには、**イメージの中ですら仲よく並べなかったり、無理に並べてもしっくりこない**のです。

ペーシングができているかどうかは〝リーディング〟で確認する

✦相手がつられて動くかどうか

日常においては、ペーシングさえしっかりとできれば、人を理解でき、または自分をよりよく理解してもらうのには十分でしょう。

ただ同調するだけではなく、それ以上に、**相手を自分のもって行きたい方向に導きたいときには〝リーディング〟が必要**となります。

リーディングとは、文字通りリードすること、導くことです。

ページングがよくできていると、人は非常にあなたのことを受け取りやすい状態になります。言葉だけではなく、ボディランゲージを通したメッセージに対しても同様です。

たとえば、姿勢のページングがしっかりとできているとき、**こちらが頭をかくと、つられて相手も頭をかきます**。

ページングができているかどうかを確かめるいちばん確実な方法は、少しリーディングしてみることです。相手がこちらにつられて動かなければ、まだページングが十分ではないのです。

たとえば、赤ん坊が泣いているのを静めるとき（赤ちゃんは泣く必要があるときもあるので、いつも泣くのをやめさせればいいというわけではありませんが）、まず抱いて体を接して赤ん坊の呼吸にページングします。

少しの間呼吸を合わせて、その後、ころ合いを見計らって少しだけ自分の呼吸のスピードを落としてみます。このとき、背中を軽くたたくように、こちらの手でページングするのも効果的です。

赤ん坊の呼吸があなたの呼吸につられてスピードが落ちれば、リーディングができたことになります。リーディングができていれば、その前にページングもできていたことになります。

これにちょっとしたトリックを加えるのも効果的です。

赤ん坊は何かを感じて泣いているのだから、感覚的な状態から他の状態へ移してあげればよいのです。

頭の上のほうで何か音をさせたりして、目を上に向けさせれば視覚的な状態となります。

痛みや悲しみを感じる状態から視覚的な状態に入るので、泣き止みやすくなるわけです。

✦リーディングで肯定的なヒントを与える

その他にも、間接的なリーディングとして、して欲しいことや感じて欲しいことを提言することもできます。

会社などが非常にうまくいっている場合なら、「この状態が持続するといいですね」というと、「その状態が持続する」というイメージを相手は見始めます。

しかし、持続した状態を思い浮かべながら、その後、うまくいかなくなる要因を思い出し落ち込むかもしれません。

だから、これだけでは無責任だと思ったら、「この状態を持続するためには、いまどんなことをしておいたらよいのでしょうね」と聞いてもいいでしょう。

すると、「この状態が維持できる」というイメージと、「それを可能にするために何をしたらよいか」という実際的な準備を頭の中で始めることになります。

このようにリーディングをうまく駆使すると、人に肯定的なヒントを与えることができるのです。

未来についてのフューチャー・ペーシング

未来にもよい印象をつける

この本のさまざまなイメージを使った実習を行なっていくと、それなりに結果を感じられるでしょう。

しかし、よくありがちなのは、それを自分のイメージの世界にとどめておいてしまうことです。これを〝状況分け〟と呼んでもいいでしょう。

「この状況において私はこれができるが、別の状況ではできない」というようなことです。

夢が夢で終わるのは、「これは夢の世界、これは現実の世界」と状況分けをしてしまっているからです。

たとえば、「夏休みにハワイに行って、久しぶりにストレスを発散して自由な気分になれた。しかし、日本に帰って会社に出るとすぐに以前の気持ちに戻ってしまった。ああ、あの自由さを感じるのには、会社をやめて、海外に行くしかないのか……」などと嘆くときです。最初から、そんな自由な気持ちで仕事はできない、と決めてしまっていては夢も可能性も生まれません。

「もし、休暇を取っていたときの楽しい気分そのままで仕事ができたとしたら、どうだろう」と考え始めれば、頭の中で思考がらせん階段のように回り、可能性を探り始めることができるのです。

「もし○○なら」

「もし××なら」

これが**人に夢を与える魔法の言葉**なのです。そして、実生活でも夢の世界と現実をつなぐ架け橋となります。

もし、そんな自由な気持ちで仕事ができたら、どんな素晴らしい一生を過ごすことができるでしょう。もし、自分も本当に女優になれたら、歌手になれたら……。

イメージのレベルでリハーサルが始まります。いまは無理でも少なくとも可能性として意識に残っています。そして、あなたの脳の中で、その可能性が広がり始めるのです。

チャンスを生かせる

そして、何らかのきっかけでチャンスが飛び込んできたとき、それを自分と何の関係もないものと思わずにつかむことができるかもしれません。

〝フューチャー・ペーシング〟とは未来のペーシングです。

いまの状態を未来のときと場所へ拡張させる道具です。つまり、未来のペーシングを行なっているのです。「もし……」も、フューチャー・ペーシングのひとつとなります。

日常においてもフューチャー・ペーシングを使うことができます。

何か非常にいい状態になったとき、いい気持ちになったとき、「この気持ちで来週も○○ができたら……」など考えてみるのです。

もしくは、非常に冴えていて、ふだんならなかなか決断できないようなことをテキパキと処理できたようなとき、「この感覚で、今度のプロジェクトを推進できたら……」と考えを巡らせてみるのです。

すると、その場ですぐに答えが出てしまうものもあるでしょう。いまあるものは、未来にも使えることを忘れずに。

❺章　築いた関係をよりよいものにするテクニック

人間関係に影響を与えるアンカーリング

◆ 無意識の条件づけ

前の章では、ペーシングのすばらしい効果をお話ししてきました。

しかし、せっかくペーシングで築いた信頼関係を不注意からこわしてしまったり、人とのよりよい関係を保ち作り上げていく上で、ときには意図と反する影響を与えてしまったりすることがあります。

このような影響を及ぼしてしまうもののひとつに、**無意識の条件づけ**があります。

この章では、この無意識の条件づけをお話ししましょう。私たちは、日常生活の中で常に無意識のうちに条件づけを行っています。

この**条件づけを〝アンカーリング〟**といいます。

人は毎瞬毎瞬、自分に対して新しいアンカーリングをしながら、同時に、古い出来事や感情から来る過去のアンカーリングによって影響を受けています。

あなたの**物事に対するいまの反応は、ほぼ100％過去の条件づけから来ていると いっても過言ではない**のです。

もし何かに対する現在の自分の反応の仕方がイヤなのであれば、このアンカーリングを利用すれば、それに気がつくことによって変えることができるのです。

あるいは、新しい人間関係を築く上で、望まない余計な条件づけを持ち込まないですむようにもなるのです。

次の例に思い当たるふしはありませんか？

✦あなたの行動は条件づけされていた

● 町を歩いていて、ふとすれちがった女性の香水の香りで、何年も前につき合っていた彼女の顔や、そのころのことをありありと思い出した
● 10代のころによく聞いていた曲を耳にして、思わず昔にかえっている自分に気がついた
● あなたが手をサッと上げただけで、子どもがぶたれると思って首をすくめた

●現在のパートナーとやっとうまくいけそうなのに、以前の相手に去られたときの傷を思い出し、怖くていまの相手に対して100％心を開けない

●普段仕事のある日は、朝なかなか起きられないのに、遊びに行く日は目覚ましなしで起きてしまう

✦毎瞬アンカーリングされている

人は、毎瞬毎瞬、その瞬間の状況（つまり、見えているもの、聞こえているもの、触れているもの、味わっているもの、嗅いでいるもの）と、その瞬間、またはその直後に自分が感じた感情や身体の状態を結びつけて（条件づけして）記憶の中にしまってしまうものなのです。

たとえば、誰かに「とっても楽しかった状態」を思い出してもらい、そのときに手や肩などの体の一部に触れます。すると、1年ぐらい経ってもその同じ場所を同じようにに正確に触れると、その「とっても楽しかった」感覚が蘇ってくるのです。

アンカーリングとは、それぐらい非常に強烈なものなのです。

アンカーリングは、自分にとって肯定的、否定的な体験にかかわらず、毎瞬毎瞬、

自動的に行われています。

そして、同じ状況で異なる反応がインプットされたときには、それらが足し合わされたものが結果として条件づけされることになるのです。

したがって、日常よく触れられる箇所（たとえば、指先）にアンカーリングしても、その後、日常生活の中でそこを触れられるたびに新しい状態がアンカーリングされるので、結果としては短期間に中和されてしまいます。

反対に、普段なかなか触れられないような場所に触れられると、何年も以前に感じた感情を思い出したりするのです。「古傷に触れられる」とはよくいったものですね。

筋肉の深いところをマッサージされたときに、昔の情景がフラッシュ・バックしたり、そのときに、感情がありありと蘇ってきた体験を持つ人もいらっしゃるのではないでしょうか？　これはちょうど、香水の香りで昔の彼女を思い出すのと同じことが、感覚的に起きているのです。

実際に触れて行うアンカーリングは、「感覚的なアンカーリング」です。

当然、アンカーリングには、この他に「視覚的アンカーリング」や「聴覚的アンカーリング」もあります。

香水で昔の彼女が蘇るのは「嗅覚的なアンカーリング」であり、おふくろの味で田舎を思い出すのは「味覚的アンカーリング」というわけです。

「なぜか○○してしまう」は、否定的アンカーリングのせい

◆否定的アンカーリング

人間の潜在意識には、肯定的も否定的もありません。外部から来る刺激は、すべて中立なのです。その刺激への体の反応と結びつけて記憶されるだけです。

その反応を頭で考えて、自分にとっていい・悪いという判断を下したとき、その分類分けによって、否定的なアンカーリングや肯定的なアンカーリングになるのです。

ここでは、否定的なアンカーリングというのを、自分が意識的に望んでいないアンカーリングと定義づけておきます。

その上で、否定的なアンカーリングをしてしまう例を見てみましょう。

✦なぜか不快になる場所

①　寝る前に布団の中で妻と話していたら、ついケンカになってしまった。それが、ここ3日ほど続いた。昨日、会社から帰って来てから仲直りしたが、夜、寝ようと思って**床についたら、なぜか再び妻に対する不満を思い出して、またケンカになってしまった。**

②　会社でミスをおかしたら、上司が机に座っているところへ来て、何回か叱られた。気の弱さのせいもあってか、このごろ**会社に来るとなぜかビクビクするようになった。**朝、家を出るときには、頑張るぞと思って来るのだが、会社の机に向かうとなぜか「また、失敗するんじゃないか」という気持ちになってしまう。もう、この会社やめようかという気になってきた。

この2つは、〝場所〟によって感情がアンカーリングされた例なのです。

①は何回か寝床の中でケンカをしたために、「寝床」という場所に、腹が立つという感情がアンカーリングされてしまったのです。

これによって、とっても気持ちがよい日でも、寝床につくとアンカーリングされた感情が戻ってきてしまのです。

場所でアンカーリングされたといっても、細かく見ればもちろん、その寝床から視覚的に見える景色や明るさ、布団が体に与える感覚や暖かさ、布団の臭い、妻の声などでアンカーリングされているのです。

②は、彼の机と叱られたときの気持ちがアンカーリングされています。このようなアンカーリングができてしまうと、いくら頭で頑張ろうと思っても、その場所に行くと以前の気持ちが出てきてしまいます。

もちろん、これは無意識から出てくることなので、意識的にはなぜそのような気持ちになるのかがわからないのです。そして、何となく、その気持ちに影響されてしまいがちになります。

わけがわからないので頭は、「きっと自分には、この仕事が向かないのだ」などと勝手に理由をつけようとします。そして、そのうちに自分で考え出した新しい観念を信じてしまったり、正当化したりしてしまうのです。

否定的アンカーリングを中和して気分を変える

知らないうちに、否定的な印象を与えているときがありますが、意識すればこれらを避けることができます。否定的なアンカーリングを肯定的なものに変える方法もありますが、かなり複雑な方法なので本書でははぶきます。

ただ、これから述べる肯定的なものを多くアンカーリングすることは、これらの**否定的なアンカーリングを次第に中和し、そしてさらに肯定的なものへと変えていく**ひとつのよい手段となるでしょう。

夫婦でケンカをするときには、たとえば、廊下のいちばん奥など普段あまり使わない場所を、家の中でケンカ用に決めておくのもよいでしょう。

そして、寝室や食卓は気持ちのよい場所として確保しておく。プレゼントをするときや相手を喜ばせるときなどに寝室を用いて、よいアンカーリングをたくさんしておきましょう。

そうすれば、何かに腹が立っているときでも寝床に入れば、どういうわけか気分よく仲直りした気持ち（実際にしているいないにかかわらず）になって眠れます。

昔から「人を叱るときは、どこか他人のいない所でやれ」といいます。これは人前で恥をかかせないだけでなく、アンカーリングの観点から見ても的を射ているといえるのです。

職場でも同様です。人に注意するときや叱るときは、部屋の隅とか廊下とか、普段、直接仕事と関係のない場所を選んでするとよいでしょう。

逆にほめるときは、自信を持って活躍してほしい場所を選びます。

子どもを叱るときも使えますね。子どもは大人より敏感に反応します。それに、子どもにとって親と先生は権威者の象徴であり、彼らから受け取ったアンカーリングは、その後の権威者に対するアンカーリングともなるのです。

権威者とは、自分の上に立つものすべてで、後の会社の上司であり社会そのものに対する姿勢ともなってしまいます。

肯定的アンカーリングで相手も自分もいい気分に

✦相手に対して肯定的アンカーリングをする

肯定的なアンカーリングとは、簡単にいえば、相手がよい気持ちや感情を感じているときに、それを自分と結びつけることです。

自分と話しているときに、相手が気持ちのいい体験を多くしたり、心地よい体験を思い出したりすれば、それだけで自分とその相手のいい気持ちがアンカーリングされます。

「彼がいるときは、気持ちがいい」

↓

「彼は気持ちのいい人だ」

ということになり、よい印象を植えつけられるわけです。

逆に、自分のことを好きになってほしい人と、相手の機嫌が悪いときにばかり会っていると、そのうち、その相手は状況に関係なく、単にあなたと会うだけで不機嫌な気持ちになってしまうようになります。

つらいときの相談にのってあげる人も、適当に肯定的なアンカーリングと中和しておく必要があります。そうでないと、その人があなたに感謝している・いないに関係なく、あなたと遊びたいと思ったときにも、〝なぜか〟つらい思いが湧いて来て遊びに来なくなってしまうのです。

✧自分に対して肯定的なアンカーリングをする

自分に対して自信を持ちたいときは、まず小さいころのことでもよいから、自分が自信を感じたときのことを思い出します。

小学校のかけっこで1等だったときでもよいでしょう。また、誰かを助けてあげて感謝をされたときの気持ちでもよいでしょう。

そのときの気持ちを感じながら、あなたの好きな曲をかけます。これを何回もくり返します。すると、今度はその好きな曲を聞いただけで、自信の感覚が体に蘇ってくるようになります。

やる気がほしいときなどは、映画『ロッキー』のテーマ曲などを使うと、もっと自然にアンカーリングができるでしょう。

自分とその感情に合った音楽を探してみましょう。このように、肯定的なアンカーリングを貯めておいて、必要なときに意識的にそれをすることによって、必要な感覚や感情を蘇らせることができるのです。

言葉を使わなくても、場所にアンカーリングすることもできます。いつでも自信を感じ始めたら、家の中の自分だけが決めた特別な場所にいきます。

ここで大切なのは、その場所はアンカーリングのためだけに使うことです。そうでないと、ごちゃまぜになってしまい、必要なときに必要な感情が取り出せなくなります。

よい気持ちのアンカーリングを貯めよう

また、アンカーリングをするときには、その気持ちが最も強くなる少し手前でアンカーリングするのがいちばん効果的だといわれています。

強い気持ちがピークになったときがよさそうですが、ちょっとタイミングを間違えると、その気持ちの下り始めをアンカーリングしてしまう恐れがあります。

上り途中のほうが、これからもっと強くなるところをアンカーリングでき、効果が上がるというわけです。

このようにアンカーリングとは、銀行の貯金のようなものです。

よい状態をたくさん貯めておけば、少々出て行っても（イヤなことがあっても）余裕が残るのです。

知らぬ間に〝チェイン・アンカーリング〟に巻き込まれている

◆連鎖反応に巻き込まれている

〝チェイン・アンカーリング〟とは、２つ以上のアンカーリングがチェイン（くさり）のように連結していることです。

例えば、日常でも、友人たちで話していて、それまで気分がよかったのに、誰かひとりが人の悪口を二言、三言口に出しただけで、次々に悪口が広がり、批判的な雰囲気がその場を支配してしまった経験はないでしょうか？

そう、あなたも知らない間に機械的に左右されていることがあるのです。

しかし、どのようなきっかけで、こうしたチェイン・アンカーリングが起きるかが分かれば、チェイン・アンカーリングに巻き込まれずにすみます。また、これを利用しててよい方向にもっていくこともできるのです。

では、チェイン・アンカーリングの例を見てみましょう。

会議は長引き、みんな疲れてきた。もう結論もでないという、そんなとき。

Aが「ふー」とため息をつく。

すると……。

Bがタバコを取り出し、机の上でトントンと叩き、口にくわえる。

すると……。

Cが手に持っていた鉛筆を回しながら、壁の時間を見る。

すると……。

部長が「よし、もう時間がないから決めるか」といって決断する。

これは、Aが最初のきっかけとなってチェイン・アンカーリングの連鎖反応が起きている例なのです。同じような状況になると、毎回このようなパターンで結局、部長が決断していたりするのです。

会社の会議など、いつも同じメンバーが集まっているとアンカーリングがたくさんできてきます。

また、家族でいい合いなどを始めると、同じパターンに陥ることがよくありますがこれもチェイン・アンカーリングに巻き込まれている場合があります。

もちろん、これはひとつの例です。この例よりももっと複雑で何ステップものパターンになってしまっていることもあります。

でも、いかに複雑になろうと、何かひとつのきっかけがあることは同じなのです。そして、このチェイン・アンカーリングでも、好ましいものならば利用し、好ましくないものならばそれを途中で断つことができるのです。

✦ 否定的なチェインを切る

チェイン・アンカーリングは、そのチェイン、つまり「くさり」をどこかで切ればその次のチェインへは進みません。

いつも同じパターンで口論になる人たちに、今日は口論をしてほしくなければ、口論になる前の段階のチェイン・アンカーリングのくさりをどこかで切ればいいのです。

くさりを切る方法とは、先ほどの例でいえば、Bがタバコを取り出してトントンとしようとする前に、あなたがライターをBの口の前にさしだし、タバコに火をつけてしまうとか、Cに話しかけてしまうとかをすればよいのです。

親がケンカを始めると、そばでガラスを割ったりして親の注意を引き、ケンカをやめさせる子どもがいます。これは、強引にくさりを切っているわけなのです。

しかし、みなさんは創造性を働かして、もっとエレガントで、しかもその場をより明るくするような方法を考えてみましょう。

◆肯定的なチェインを生かす

一方、肯定的なチェイン・アンカーリングを用いる例としては、スポーツなどで使われる〝儀式〟があります。

ソ連の重量挙げのコーチが、ある選手の練習を見ていたときの話です。その選手が実際にバーベルを持ち上げる前に、成功するかしないかをいい当てたそうです。

まわりにいた人が不思議に思ってたずねると、「彼は成功するときには、バーベルに触れる前に、天井を2回見るのさ」と答えたといいます。

これは成功するときのチェイン・アンカーリングが出来ている例であり、このチェイン・アンカーリングを儀式と呼ぶのです。

テニスのプレーヤーがサーブを打つ前にラケットをクルクルと回転させるとか、ボールを何回バウンドさせるかなどすべてが儀式となっています。

これを意識的に用いれば、不調のときでも調子のいいときの儀式、またはチェイン・アンカーリングを実行することによって、調子を取り戻すことができるのです。

チェイン・アンカーリングを望む方向に操る

✦望む方向にもっていくには、アンカーを盗め！

条件づけすることをアンカーリングといいます。そして、実際に条件づけしている媒体は〝アンカー〟といいます。

たとえば、151ページの例の「ふー」というため息や、タバコを取り出してとんとんと机の上で叩く動作がアンカーです。アンカーは、場所や動作やしぐさであったり、言葉であったりします。

そして、そのアンカーを、本人の代わりに使ってしまうことを「アンカーを盗む」というのです。**アンカーをうまく盗むと、チェイン・アンカーリングに火をつけることもできる**のです。

先ほどの151ページの会議で、これ以上続けていても時間のムダに思われ、しかもA

さんはまだため息をついてくれそうもない……。このようなときに、Bさんのアンカーを盗むとどうなるでしょうか?

あなたは、Bさんがやるように、おもむろにタバコを取り出し机の上でトントンとやります。すると、Cさんが、鉛筆を回しながら時計を見ます。そして、部長が決断をします。

いつものチェイン・アンカーリングを途中から始めたことになるのです。

こうしたしぐさを、ペーシングのところで学んだように、できるだけ正確に真似て行なうのです。言葉なら、やはりトーンなどもできるだけ似るようにしたほうが効果的になります。

もし、うまくいかないときは、その場で起きているチェイン・アンカーリングのアンカーを正確に把握していないことになります。だから、もう少し細かく見てみる必要があります。

ひょっとすると、Cさんにつながるアンカーは、Bさんのタバコを机の上で叩くことではなく、そのとき同時に髪をなでている左手のほうかもしれないからなのです。

こんなふうにして見ると、つまらない会議も楽しくなってくるかもしれませんね。

✦チェインを切るには意表を突く言葉を使う

家族でいい合いが始まったときなど、いつものパターンにはいりそうになったら、早めにチェインを切ることもできます。

チェインを切るとき、とくに家族のいい合いなどの場合には、**普段使っていない態度や言葉で切るとやりやすい**のです。

なぜなら、家族の場合は長いつき合いなので、ふだんからの言葉や行動は、チェイン・アンカーリングのバリエーションの中に含まれていたりするからです。相手が予期もしない行動、言葉、それも相手にとって好意的なものが好ましいのです。

私も、意表を突く言葉でチェインを切ったことがありました。

以前、あるグループを連れてグアム島に行ったとき。ある晩、ガイドブックを見てステーキとロブスターがおいしいという店へ行きました。

60人ぐらい収容できる店なのですが、ウエーターが2人しかいないので大忙しのようでした。

「今日は忙しくて大変なので、できるだけコースにしてください」とウエーターにいわれ、全員コースを頼みました。

それなのに、さんざん待たされたあげく、何と出てきたステーキは超ウェルダン(つまり真っ黒焦げ)。その上、美味しく茹であがっているはずのロブスターは半分凍ったままなのです！

ステーキは突っ返しましたが再び真っ黒。もうあきらめて、食べられるものだけ食べて帰ろうと思ったら、請求書にはしっかりサービス料が15％も含まれていたのです……。さすがに、私もとうとう堪忍袋の緒が切れました。

ウエーターを呼んで、「あんな食事でサービス料は払えない」と文句をいいました。しかしウエーターは、「困ります、サービス料は必ず含まれています」とらちがあきません。マネージャーを呼んでもらっても、同じ返事しかかえってきません。

しかも、むこうもこの混みようと忙しさで、よけいにイライラしているのがわかりました。そこでちょっと戦法を変えてみることにしました。

まず、「ステーキもロブスターもあんな出来上がりではとても食べられたものではない。1時間も待たされたあげく、ステーキは真っ黒、ロブスターは半分凍ったまま。いままでにこんなレストランははじめてだ」と強い口調でいいながら、すぐその後に早口で、こうはさみました。

「だからといって、あなたのことが好きじゃないわけじゃないんだ」

そして、そのあとにペーシングを行ないました。

「こんなに、混んでいるのに、この少人数じゃさぞかし大変でしょう。料理のほうも間に合わないのも無理はない……」と、相手の立場に立って理解を示しました。

すると、どうでしょう。

「あなたのことが好きじゃないわけじゃないんだ」といった瞬間、一瞬驚いた顔をしてから、それまで自己防衛に緊張していたマネージャーの顔がガラッと変わって柔らかくなったのです。

そして、急に態度も変わって、とても丁寧に、「大変失礼しました。サービス料は引かせてもらいます」といって、コースについていなかったデザートのアイスクリーム（しかも2種類！）まで全員に持ってきてくれたのです！

そのマネージャーにしてみると、

「今日は忙しい」

↓

「ウエーターは少ない」

↓

「客に文句はいわれる」
←「イラ立つ」
←「よけいにうまくいかない」
←「ますます客は文句をいう」
←「さらにイライラする」……

というような、ぐるぐると回る否定的なチェイン・アンカーリングにはまっていたのでしょう。といっても、このときは、彼の様子を細かく見ていたわけではありません。

ただ、どうも何らかのチェイン・アンカーリングのパターンにはまっているなと感じ、そのくさりを切るために、わざとtとんでもないことをいったのです。

このとんでもないことをいうことによって、チェインをブレーク・ステート（いまある状態を破る・切る）したのです。

誰だって、はじめて会ったレストランのマネージャーに「あなたが好きだよ」とはいいません。

あまりにも突拍子もなかったので、一瞬驚いて、実際の言葉は彼の意識には聞こえなかったかもしれません。

しかし、彼の潜在意識には、しっかり飛び込んだようです。そして、その言葉を聞いて、彼のくさりが肯定的な印象とともに切れたのです。

その後、自分をかばってくれる言葉が続き、「この客は敵ではない。味方なんだな」と感じることができたようです。忙しさと文句のいわれ通しで、相当参っていたときに、やっと味方が現われた、少なくとも自分を理解してくれる人がいたと感じたのでしょう。

人はこの、「この相手は自分の味方だ」というつながりを感じたとき、優しくなります。

話を積極的に聞いてくれる。思いやってくれる。もちろん、このつながりを作るのがペーシングですが、ペーシングの前に、いまある否定的なくさりを切ったほうが簡単な場合があるのです。

テクニックを生かす目標達成の4ステップ

うまくいかないときは目標を明確化しよう

この章では、コミュニケーションを確かなものにするさまざまなテクニックを学んできました。でも、テクニックはテクニックです。それだけでは何も生まれません。自分は何を望んでいるのか、どのような状態になりたいのか、といったことがはっきりして、つまり**方向性や目標が定まって、はじめてテクニックが生きてくる**のです。

そこでこれから、応用として、目標の明確化を含めた目標達成の方法についてお話ししましょう。

人に好かれたいことであれ何であれ、目標があり、それがなかなか手に入らない場合は、その目標自体が明確でないことが多いのです。

目標が十分に具体化されていてイメージできれば、もうそれは半分手に入ったも同然なのです。

では、どのようにしたら目標を明確にイメージできるのでしょうか？

一般に欲しいものや欲しい状態を手に入れるのには、次の4つのステップさえできればよいのです。これ以外は必要ないのです。

①目標を明確にする

②目標に近づいているかどうかを判別する

③もし、いまやっていることがあなたを目標に近づけていなければ、他の方法に変える

④目標が得られるまで③を繰り返す

これだけで、必ず目標にたどりつきます。

「でも、そんなことはできない。自分は普通、2、3回試してあきらめてしまう」という人がいるかもしれません。

そういう人は、赤ん坊が四つんばいから立ち始めるところを思い出してください。2、3回であきらめていたら、この世に立って歩いている大人は存在しません。みんな、いまだに四つんばいで会議をしたり、銀座を飲み歩いたりしているでしょう。

この①〜④は、あくまで基本です。これさえできれば、かかる時間は別として、とにかく目標は達成できるのです。

しかし、頭が柔軟でない人にとっては、これは気の遠くなるような話かもしれませんね。

そこで、次から、この4ステップにいままで学んできたことを加えて、目標までの時間を短縮する方法を考えてみましょう。

◆目標はできるだけ具体的に設定する

まず、①の「目標を明確にする」ことが大切です。客観的に見ても、あなたの目標が何であるのかわかるように具体化することです。

ただ成功したい、幸せになりたい、結婚したいといいながら、なかなか手に入らない人がいます。これらの言葉はとても抽象的で、「成功」という言葉も「幸せ」という言葉も人によって意味するものが違います。

これらの人にほぼ共通しているのが、目標のイメージはボヤッとしているのに、目標以外のものは非常にはっきりとイメージしているということです。

たとえば、結婚の相手はどんな人でもいいといいながら、誰かを紹介すると、あの人はしゃべり方が気に入らない、この人はルックスがちょっとなどといいます。不要な相手はよくわかるけど、肝心の欲しい相手がわからないのです。

たとえ、目の前を通り過ぎてもなかなか気がつきません。もしくは、その相手の中で、気に入らない部分につい目がいってしまうのです。

ひと言でいってしまえば、このような人は、欲しいものより〝欲しくないもの〟に意識のフォーカスを合わせているのです。

人は、自分の意識をフォーカスしているものを引きつけます。これは、潜在意識のフォーカスも含めた話です。

もし、頭のレベルでは「欲しい欲しいと」思いイメージもハッキリとしているのに、その目標が手に入らない人は、次のページの項目をチェックしてみましょう。

潜在意識の中で、まだその目標を手に入れる準備ができていないという部分を見ることができるでしょう。

✦目標を手に入れる準備チェック

A　目標が手に入ったとき、あなたの生活や人間関係はどのように変わるか？

たとえば、セールスなどで高収入を達成し、それを維持したとき、もっといい住まいに移るでしょうか？　いままでの友達と同じ店に飲みに行くでしょうか？　服から住まいまで変わったとき、古い友達はいままで通りつき合ってくれるでしょうか？

B　新たに出現する社会的責任は何か？

会社での昇進は、より重い責任を意味します。より多くの部下とその家族に対する責任もあなたの肩にのしかかってくるかもしれません。いままでのように外であまりバカができなくなるかもしれません。または、医師の国家試験に受かれば、自分の性格からすると、真夜中でも電話があれば毎晩でも出て行かなければならなくなると思っているかもしれません。

C　AとBがあったとしても、それでもその目標を手に入れたいか？

もちろん、AとBを見ていく過程で、それらのいくつかに対する新たな対応策も出てくるでしょう。また、そのうちのいくつかは、ただのとりこし苦労の場合もあります。それでも、残った新たな責任を負ってでも、その目標は魅力的なものでしょうか？

D　いつまでに手に入れたいか？

「いつ」が決まらなければ目標を立てていないのと同じです。人の脳はいつまでという期限を与えなければ、それこそ、いつから用意し始めればよいのかわからないのです。

E　その目標が手に入ったところをイメージしたとき、あなたはその中にピタリと当てはまる存在か？

目標ばかりがいくらハッキリとイメージできたところで、それは絵に描いたモチです。あなた自身とつながっているとは限りません。夢の次元でストーリーばかりが進んでも現実の世界には現われません。あなた自身は、そのイメージの中に居心地よく当てはまるでしょうか？

あなたの夢が単なる空想に終わるか、または現実のものとなるかの違いは、「目標が手に入ったところを現実感を持って感じられるかどうか」にかかっています。もし、結婚したい相手がいるとしたら、相手と自分をイメージしたとき、2人は同じ高さで、居心地よく向かい合えるでしょうか? 相手に自分が釣り合わないと心のどこかで思っている人は、イメージの中ですら自分自身を相手より低いところにしか見えません。そのときは、居心地よくイメージの中にいられるためには自分のどこを変えればいいかを考え、その変わった自分のイメージも目標に加えましょう。

目標が手に入ったときをイメージするときは、視覚、聴覚、感覚を総動員することが大切です。まわりに誰がいて自分はどのように見えるか、そうなったとき自分は心の中で何をいっているのか、何を感じているのか、どんな気持ちになれるか……といったものを虚心にイメージするのです。

目標が明確になれば、本当に自分がその目標を求めているかどうかもハッキリしてきます。何となく欲しがっていても、明確にイメージができてみると「なんだこんなものだったのか」ということが意外に多いのに気づくかもしれません。それならば、その時間をもっと使いたいものに有効に使ったほうがいいですよね?

失敗を恐れずに楽しんで挑戦しよう

さて、目標が明らかになったら、163ページの②の「目標に近づいているかどうかを判断する」必要が出てきます。

どのような具体的な方法で、いま、目標に近づいているかが判別できるでしょうか？　何が起きているときに、目標に近づいているとわかるのでしょうか？

よく、目標に近づいていないのに、いつまでも同じ方法に執着している人を見かけます。この場合、インスピレーションによって、同じ方法をもう少し続けたほうがいいと決めるのと、ただ執着してそれ以外の方法に移れないのは大違いです。

これは、できるだけ客観的に、誰が見ても「ああ、なるほど目標に近づいているね」とわかるように具体的な形で判別できるとよいでしょう。

そして、③の「もし、いまやっていることがあなたを目標に近づけていなければ、他の方法に変える」ためには、柔軟性が非常に重要になります。

子どものように、何回教訓を学ぶ体験（大人はこれを失敗と呼ぶが）をしても、笑いながらまた立ち上がるように、柔軟性をもって、創造的に新しい方法を考えることが必要なのです。

いろいろな人に話を聞くのもよいでしょう。普段とまったく異なることをして、通常のパターンを抜けてみるのもいいと思います。

失敗を恐れず、何でもいいから試してみましょう。そこから、新しい道やいままで見えなかったイメージが湧いてきます。**角を曲がってみなければ、何があるかは見えません**。その際の鍵は「楽しみながら」ということです。**ワクワクしながらやってみましょう**。

人は、自分の情熱に正直に行動すると、大変なことを努力と感じません（まわりからどう見えるかはまったく別の話です）。失敗が怖くありません。ただ単に、目標に一歩近づくだけにしか見えないのです。

ストレスがたまりません。それどころか、いちばんのストレス解消法です。そして、その一歩一歩の過程を楽しみながら進むことができるのです。

ワクワクする気持ちが、あなたの自然な方向性を示す道しるべとなってくれるでしょう。

❻章　自分を好きな人は、他人からも好かれる

魅力のある人は魅力のある人を呼ぶ

✦自分を魅力的だと思う人は輝いている

ここまで、相手をいかにして自分を好きにさせるか、または相性が合う人だという印象を与えるかについてお話ししてきました。

しかし、あなたは自分自身に魅力を感じているでしょうか？

もし、感じていないというお答えの方に質問です。

あなただったら、自分に魅力がないと思っている人に、ひかれますか？　自分に自信がない人を尊敬できますか？

大部分の人の答えはＮＯでしょう。

自分を好きでない人、自信がない人には、輝きがなく、存在感がなく、そばにいるとまわりにいる人も暗くなってしまいます。

反対に、自分に自信のある人、自分を魅力的な人間だと思える人には、輝きがある、存在感がある、まわりにいる人も明るくなります。

そして、この人のまわりには、その輝きやエネルギーを感じようと、自然に人が集まってくるのです。

自分を大切にする人は他人も大切にする

自分に魅力が感じられると、人はどうなるのでしょうか？

まず、自分自身を尊重するようになります。自分を大切に扱うようになります。自分のすることを大切に考えるようになり、自分に優しくなります。

そして、他人を尊重するようになり、他人のすることも大切に扱うようになるのです。

人のことを尊重し、大切に考えるようになれば、これがいままで学んできた視覚、聴覚、感覚やボディランゲージを通して相手に伝わり、あなたに対する相手の態度も変わってきます。あなたを魅力のある人だと見るようになります。

そして、その**相手もあなたのことを尊重し、大切に扱うようになる**のです。

簡単にいってしまえば、「類は友を呼ぶ」というわけです。あるいは、「波長の合う人が集まる」ということでしょうか。

テレビやラジオのチャンネルと同じで、人間も周波数があまりに違うと、見えない、聞こえない、感じないのです。だから、自信のある人のまわりには、まったく自信のない人はあまり長くいられないのです。

ただ、憧れてそばにいる場合、その人の自信を持っている部分を、自分の中のどこかで感じていることがあります。つまり、自分の中の自信を持てる可能性の部分に意識をフォーカスしているのです。

ここでは、簡単なテクニックによって、自分の持つセルフ・イメージを改善し、自分を好きになる方法を見てみましょう。

あなたの魅力度チェック

✦自分が感じる自分の魅力

あなたの魅力度チェックをしましょう。これは、他人の目からみた「客観的な魅力度チェック」ではありません。それは週刊誌にでもまかせておきましょう。

ここでは、あくまで「主観的な魅力度チェック」です。あなたは**人のどのような部分に魅力を感じ、また、自分の魅力をどのくらい認めているか**を調べるのです。

この「自分で認めている」というのは、表層意識だけではなく、潜在意識のレベルも含めて、どのくらい認めているかということです。

表面では謙遜して「いやあ、私なんて魅力はありませんし、自信もありませんよ」などといいながら、誰の目にも自信に満ちている人がいます。

一方、口ばかりのカラ元気で、本人もそう思い込んでいるらしいけど、明らかに自信も魅力も感じていない人もいます。これらは、いずれも「認めている」とはいえないのです。

それでは、さっそくチェックしてみましょう。紙にリストアップしてみると効果的です。

①　自分の魅力だと思えるものをあげてみる

あなたはいくつくらい自分の魅力をあげられるでしょうか？

これを現在の自分として、まず認識するのです。そして、ここから自分に足りないもの、もしくは欲しいと感じている魅力を見ていき、それらを対比してみましょう。

②　自分が魅力的だと思う人を何人かあげる

これは個人的な友達でも映画の俳優でもかまいません。自分もあんな人になりたいとか、自分にもあの人のあんなところが備わっていたらいいなと思う人をあげるのです。

③　その人の性質その他で、魅力を感じている部分を具体的にあげる

たとえば、ある俳優の自信あふれる態度、会社の同僚の自己主張ができる部分など、勇気、優しさ、決断力、男らしさ、女らしさ……でもなんでもいいのです。もちろんハンサムな顔というのでもけっこうです。また、なんとなくと感じている人は、それを具体化してみましょう。

④　浮かんできた魅力を3つから5つに絞ってみる

そして、ここでチェックです。

これらの魅力が自分に備わったところを想像してみるとどうでしょう？　いまとは違った世界が待ち受けているのが、感じられるでしょうか？

それとも、まだ何かが足りないでしょうか？　足りないとしたら何でしょう？　それを加えてまたイメージしてみましょう。

あなたの中に既に存在していないものは、人の中にも見出せないのです。

つまり、**あなたにとって魅力的に見える人は、「ただ鏡となってあなたの中に潜んでいる魅力を見せてくれているだけ」**ということを覚えておいてください。

性格に絶対的なよい・悪いはありません

◆自分の判断が決めてです

あなたは、自分の性格や振る舞いで嫌いなところがあるかもしれません。

しかし、世の中に悪い性格というものは存在しないのです。まわりの環境に適当でない性格があるだけです。

しかしそれだって、使うときと場所さえ心得れば役に立たせることもできるのです。性格のよし・悪しよりは、自分のこの性格が嫌いだと思うことによって縮こまってしまう影響のほうが重大です。

すなわち、性格に対する自分の判断が、結果的に自分に好ましい影響をもたらすか、好まざる影響をもたらすかを決めるといっていいでしょう。

どちらにしても、**自分はいい性格の人間だと思えると余裕が生まれ、態度に柔軟性**

（この柔軟性こそが鍵なのです）が出てきます。

するとそれまで頭の中で自分が思い描いていたセルフ・イメージとは異なる動きも出始めます。

✦ 性格を肯定的に見るレッスン

それでは次にあげる一見否定的な性格を、肯定的に見るとどうなるでしょう？　例を参考に、考えてみましょう。【例】がんこ↓自分を主張できる人、一徹。

まず、「否定的な性格」を列挙してみましょう。

①　暗い
②　優柔不断
③　執念深い
④　臆病
⑤　自分の主張がない

さあ、前ページの性格を、「肯定的な側面からとらえる」と、どうなるでしょうか？　別に答えはひとつではないので、いくつか回答例をあげてみましょう。

①　思慮深い、落ちついた
②　柔軟な、切替えが早い
③　すぐ気の変わらない、とことんやり通す
④　慎重、危険を事前に察することができる
⑤　人と調和するのがうまい、サポートに回ると強い味方

このように、あなた自身の性格で気にいらない部分も、このように肯定的に見ることもできるのです。

そして、このように**肯定的に受け止めることができたときに、それまで自分の進む道を邪魔していたかに見えていたさまざまな性格が味方となり、あなたを助け始めます。**

たとえば、自分の優柔不断さに対して、「ああ、自分は人より柔軟で頭の切替えが早いんだな」と思えれば、「ときには主張してみよう」とか「ここは、譲らないで行こう」といった余裕が出てきます。

しかし、自分の性格を嫌って認めようとしなければ、その性格の本来持つ可能性やバリエーションのほんの一部しか（すなわち、好きな部分しか）活用していないことになります。これでは、あなたの持つエネルギーや、生まれ持った可能性は、ほとんど使われないのと同じです。狭い判断はこだわりや執着を生み、こだわりや執着はあなたの才能や力を半減してしまいます。じつにもったいない話ではないでしょうか。

なぜ「好き」「嫌い」があるのか？

✦ 好き嫌いは学習したもの

自分のことを嫌いであるより好きになったほうが、人からも好かれやすいことが、おわかりいただけたかと思います。これは何よりも、あなた自身が楽ですよね。それに、自分の態度に柔軟性が増すこともおわかりになったかと思います。

では、どうしたら自分のことを好きになれるでしょうか？

ただ、「好きになれ、好きになれ」と、お経のように唱えるものひとつの案でしょう。しかし、これは何に対しても世の中の常套手段となっているようですが、逆効果になることがよくあります。

なぜなら、「こうなれ、ああなれ」といい聞かせるのは、「いまおまえは、そういう状態にないぞ」とくり返していっているのと同じになってしまう恐れがあるからです。だから、「好きになれ、好きになれ」と頭の中でくり返すたびに、潜在意識の中で「ほら、嫌いじゃないか、まだ自分が嫌いなんだ」とこだまがかえってきてしまうのです。これではあまり効果がありません。

そこで、より効果的で、簡単な方法をお伝えしましょう。

まず、好きとか嫌いとは何なのか、それは脳の中のどういう状態のことをいうのかについて考えてみましょう。

人は生まれたときには、自分にとって何がいいのか悪いのかもわかりません。そして、好きも嫌いもない（ある程度は、胎内にいるときに、母親からいい悪い・好き嫌いが受け継がれるようですが……）のです。それなのに、いつの間にか身についてしまいます。またそれだけでなく、それらの好き嫌いが、その人の個性の一部となってしまいます。

「あの人は好き、あの人は嫌い」というのが、どこから来るかというと、1章でもお話ししたように、初期のころのつらい体験のファイルを参考にして、嫌い、またはイヤな体験だと分類することに始まります。

そして、成長するにつれて、このファイルがたくさんに増え、どれがいつのファイルだかすっかり忘れて潜在意識にしまいこまれてしまうのです。

このように、好き嫌いは、自分が体験した中立の出来事に対して下した「判断」からくるのです。

ですから、**好き嫌いは学習したものであり、イヤならば変えることもできる**のです。つまり、下した判断を変えればいいのです。

これには、いくつもの方法がありますが、ここではおもに、**イメージを使った簡単な方法**をお話ししましょう。

「好き」「嫌い」は頭の中のロッカーに整理されている

ここでは、ひとつの簡単な視覚的モデルを使って、人の好き嫌いがいかに脳の中で整理されているか、その仕組みを見てみましょう。

駅のコイン・ロッカーを想像してみてください。あなたが、誰かに会ったとき、過去の記憶のファイルを使って、その相手を「これは嫌いなタイプだな」と判断したとしましょう。

すると、嫌いなタイプをしまっておく、例えば「B3」という分類のロッカーに、いま会ったばかりの人のイメージを新たに入れます。

そして、それ以来、その相手に対する判断に大きな変化がなければ、その人を思い出すたびに、脳の中で「B3」のロッカーからイメージを引っ張り出すのです。

そして、**そのイメージに付随している不快な感情も感じる**ことになります。

その人のことを誰かと話すときも、潜在意識の中ではその人のイメージを引き出して、頭の中に置きながら話をしています。

また、直接その人のことを話していなくても、何かその人を思い出させるような事柄が持ち上がると、やはり潜在意識の中ではその人のイメージを引き出すので、アンカーリングされた感情も同時に抱いてしまうのです。

これはちょうど、コンピューターのデータ・ベースのようにいろいろな検索方法があって、たとえば、日常のいろいろな場面で、似た人を見かけたときや、似た名前を耳にしたときなどは、その似た人のイメージを引っ張り出してきます。

A
B
C
D
E
1
2
3
4
どちら でも ない
うんと すき
こわい
きらい
気持ち のいい 人

ただ、そのイメージには気がつかず、それとともに出てくるイヤな感情だけを感じていることも少なくありません。そのために、とくに何もなかったのに何か1日中、イヤな感じが離れず、後でよくよく考えてみたら、昼休みに喫茶店で向かいの席に座った人が、なんとなく昔振られた女性に似ていたからだった、などということも起きるのです。

知らず知らずのうちに、イヤな気分になっているのは、非常に気持ちの悪いものですね。

好きな人についても同じことがいえます。はじめて会った人を、過去のファイルと照らし合わせて、「これは好きなタイプ」と判断すると、その人のイメージを好きな人を入れておくロッカーにしまいます。そして、その人を思い出させる状況が起きるたびに、いい感じも同時に蘇るのです。

ロッカーの中身を入れ替えると、「嫌い」が「好き」になる

✦入れ替えるだけでイメージが変わる

嫌いなロッカーに分類されたイメージを取り出して、好きな人たちを入れているロッカーに入れ直すとどうなるでしょう?

なんと、**イメージの内容はまったくいじらないのに、そのイメージに対する印象が変わる**のです。

非常にうまくできたときは、**嫌いな人が〝どういうわけか〟好きになってしまいます**。そこまでいかなくても、その嫌いだった相手に対して持っていた嫌な感じが、知らぬ間に薄れているようなことはよくあるのです。

この〝どういうわけか〟とか〝知らぬ間に〟というのは、嫌いなものがいまさら好きになるだけの理由もとくにないのに変化してしまうからなのです。本当に人間の心

理の仕組みはおもしろいですよね。

普段、高尚な理由があって、人生の中で自分がいろいろな判断を下していると思っていても、じつはほとんどは過去のファイルによって人を判断し、その後は、その人のイメージを入れたロッカーによって、その相手に対して持つ感情が決定されているのです。

このロッカーが一度設定されると、何年も何年も変わりません。

視覚的、聴覚的、感覚的な要素と感情がアンカーリングされていることになります。そして、外部からのさまざまな刺激によって、アンカーリングされている感情が引き出されるのです。

ロッカーの中はテレビと同じ

ここで、もう一度「ロッカー」についてお話ししましょう。簡単にロッカーといいましたが、その中はもう少し複雑です。

それは、テレビのようだと思えば考えやすいでしょう。

つまり、イメージの位置や距離（テレビをどこに置いているか）、イメージの大きさ（画面の大きさ）、明るさ（画面の明るさ）、コントラスト（鮮明さ）、白黒かカラーか、それに加え、イメージが平面か立体か、絵画のように枠があるかないか、イメージは顔だけか全体像かなどです。

これにさらに、聴覚部分と感覚部分が加わります。

聴覚部分は、そのイメージに付随する声または音があるか、あればその音量、声または音の位置や距離などです。

感覚部分は、そのイメージの持つ温度、そのイメージを見たときに体の中に感じるものがあれば、その位置、その感じの強さなどです。ときにはこれに、臭覚や味覚を加える場合もあります。

じつは、この視覚、聴覚、感覚のどの部分にも、その相手のいわゆる「内容」が含まれていません。

つまり、テレビ番組の内容はどうでもいいのです。

イメージの中の相手がどんな顔をしていようとかまわないのです。「どのように分類されているか」だけが、問題となるのです。

自分を好きになるイメージ差し替え法

✦ イメージ差し替え法

それでは、いままでお話ししたロッカーの中身を入れ替え、自分を好きになるために効果的な方法をお話ししましょう。

イメージの移し替えをします。これは、モデル（あの人のようになればいいという模範となる相手）を使って、イメージの格納されているロッカーの場所と形態を入れ替え、自分自身に対して望む印象を受けるようにします。

これは実際にやってみるのがいちばんおわかりになると思います。次の手順で自分を好きになる方法を練習してみましょう。

① まず、あんな人になりたいという相手、すなわち、自分のイメージのモデルまた

は模範にしたい相手を決めます。これをAさんとしましょう。

② Aさんをイメージします。目をつぶったほうがよければつぶってもかまいません。そして、193ページのような表の各項目にそのイメージを書き入れていきます。

③ 終わったら、背伸びをするなり体を動かして、それまでの状態を一度解くブレーク・ステートを行います。イメージすることによって出てきた感情が体に残って、次の作業に影響しないようにするためです。

④ 頭の中がすっきりしたら、今度はいまの自分を想像します。目をつぶったほうがよければつぶり、その自分のイメージを見ながら、再び表の各項目に書き入れましょう。

⑤ そして、ここではブレーク・ステートせず、自分のイメージの「内容は変えず」、そのまま②のイメージのように、見え方、聞こえ方、感じ方を変化させます。たとえば、193ページの表の左側のようになったとき、次のように口の中でいいながら変えていけばよいでしょう。つまり、「イメージの位置を右上から左上に移動する」「イメージまでの距離を1mから40㎝にする」……といった具合です。一緒にやってくれる友達などがいるといいでしょう。自分だけでやるより、集中できると思います。あわてる必要はないから、各項目をゆっくりと確実に行なってい

きましょう。なお、明るさやコントラスト、音量などの0〜10というのは目安です。真っ暗を0として真っ白を10とすればいいでしょう。テレビの調節つまみの目盛りを想像しましょう。

⑥ 新しくなった自分のイメージを、落ちついて眺めてみます。さて、どんな感じがするでしょう？　どんな印象でしょう？　それを眺めるとき、いい気持ちになれるでしょうか？

⑦ この新しい自分が、今週そして来週と日常生活を行なっていくところを想像してみましょう。1年後、3年後にはどうなっていそうでしょうか？　こうして、少しの間、新しい自分を味わってみます。

◆もっと大きな自分が見えてくる

どうでしょう？　うまくいったでしょうか？

これをやりながら、自分に対するイメージを変えるのには、表の全項目は必要ないということに気がついた人もいるかもしれません。

視覚的な要素が強い人は、視覚部分のどれかひとつか2つを変えると全部が変わっ

イメージの差し替え一覧表

		あなた	Aさん	あなた	＿＿さん
視覚的要素	イメージの位置	右上	左上		
	イメージの距離	1m	40cm		
	イメージの大きさ	30cm×40cm	50cm×60cm		
	全身か部分か	顔だけ	全身		
	枠の有無	ない	ない		
	明るさ(0～10)	4	6		
	コントラスト(0～10)	6	9		
	動画か静止画か	静止画	動画		
	白黒かカラーか	白黒	カラー		
	平面か立体か	平面	立体		
聴覚的要素	音声の有無	ある	ない		
	音量(0～10)	4	0		
	音声の位置	頭の左後	×		
	音声までの距離	30cm	×		
	リズム	速い	×		
感覚的要素	イメージの温度	20℃	20℃		
	イメージの重さ	2kg	500g		
	イメージを感じる所	心臓	足		
	感じる強さ(0～10)	8	4		

てしまったり、または印象が変わってしまったりすることが多いのです。

聴覚的な人や感覚的な人は、やはり聴覚、感覚の中の項目のどれか影響の強い要素を変えると、他のほとんども変わってしまうこともあります。

ただ、何回かやってみないと、自分にとってどの要素の影響が強いのかがわかりません。

それに、これはあくまで傾向であって、人間は五感すべてを使って情報の処理をしていることを忘れないでください。

また、今回の表では視覚部分の項目に比べて、聴覚と感覚の項目が少ないです。これだけでは足りない人もいるかもしれません。

たばこをやめられない自分をイメージしているときなどは、タバコの臭いが重要な要素だったりします。

必要によって臭覚や味覚も加えたりしますが、一般にはこの表の項目で十分でしょう。193ページの表の空欄を利用して、一度実際にやってみてください。

何ヶ月か（人によっては何日か）すると、この新しいイメージにも満足できなくなるかもしれません。

少し変わった自分になると、もっと大きな自分が見えてくるものです。井の中の蛙ではないですが、井戸の外に出ると大きな世界が見えてきます。そして、その世界の中での、さらに大きな自分もイメージできるようになってきます。

はじめは小さなステップかもしれませんが、次第に加速されていきます。遠慮せずに、さらに大きな自分のイメージを作ってください。

イメージの移し替えをさまざまに応用する

✦ 苦手な人が苦手でなくなる

この方法はいろいろな応用が考えられます。何といっても、自分の中のイメージを移し替えるだけでいいのです。

例えば、「Bさんと話しているとどういうわけか上がってしまう」。このようなときに使えます。

まず、**自分が上がらずに話せる人を考えます**。

できるだけBさんと似ていて、それでもどういうわけか、あなたが上がらない人を選べればなおいいでしょう。これを仮にCさんと呼びましょう。

そして、「イメージの移し替え」と同じ要領で、**Bさんを Cさんのイメージのあるところに移し替えればいいのです。**

すると、いつの間にかあなたのBさんに対する反応が変わるのです。

誰でも仕事上などで、自分としては好きなタイプではない人もいるでしょう。でも、そのままでは、結局こちらも面白くありません。向こうだって、どこかでそれを感じて面白くないでしょう。

そんなときこそ、「あの人ぐらい好きになりたいな」と思うモデルを決めて、嫌いな人を、その好きな人のイメージへ移せばいいのです。

◆好きな人はもっと好きになれる

つき合っているガールフレンドがいるとします。でも、彼女も完全ではありません。今日、仕事で会った女性の足がスラリとしていて、ドキドキしてしまいました。それが、頭から離れません。いってはいが、つき合っている彼女の足は少し太い。全体としてはいまの彼女のほうがいいに決まっているのですが……。などというとき。人の感情は、ほとんどが過去のファイルから来ています。「絶対的にきれいな足」などというものは存在しないのです。

目をつぶって、まずその「スラリとした足」を思い出します（この場合は顔とか全身でなくていいのです）。そして、先ほどの表に書き込んでいきます。

次に現在の彼女の足を思い出して同様にします。そして、現在の彼女の足のイメージをスラリとした足のイメージに移します。

これがうまくできると、不思議なことにスラリとした足にそれほどドキドキしなくなり、現在の彼女のほうに魅力を感じるようになるのです。

普通は、自分のつき合っている相手以外に魅力を感じてしまうと、罪悪感を抱いてしまいます。そして、悪いと思う気持ちから、現在の彼女に会っているときもどこかで距離を置いてしまうようになります。2人の外で起きたことを、好まざる影響として2人の間に持ち込んでいるのです。

しかし、人は誰も完全ではありません。あなたの相手がすべての魅力を持っていないからといって、彼女が悪いわけでもなく、また、あなたが相手の中にすべての魅力を見出せないからといって、あなたが悪いわけでもありません。

たまたま、今日会った女性が、普段彼女に感じられないでいた、ドキドキするような感情を思い出させてくれただけです。そして、この感じは、イメージの移し替えによって現在の彼女に移して感じることができるのです。

「ありがたい、感謝、感謝」と、今日会った女性には感謝をして、どんどん感じさせてもらえばいいのです。できるだけ大きく感じて移し替えを行ないます。

すると、いままでだと、２人の間に小さな距離を加えてしまったかもしれない（人間関係には、知らない間に起こるこの小さな距離の蓄積ほど怖いものはないのです）外での出来事が、さらに２人の距離を近づけるために役立ってくれるというわけです。

好き嫌いはコントロールできる

この方法を反対に使えば、好きなものを嫌いにもなれます。

こうしてみると好き・嫌いは、本当は決まっているものではなく、自分で決められるものだということがわかってきます。**好き・嫌いの感情に自分が振り回されるのではなく、自分が好き嫌いをコントロールできる**のです。

また、人は自分を好きになれると、自信が出てきます。はつらつとします。自分を好きになるのに遠慮する必要はありません。

自分をイメージし、もっと好きになれるイメージへと移し替えてみましょう。自分が好きになっている自分を、人にも好きにならせてあげましょう。まわりの人も、きっとあなたを好きになりたいに違いないのですから。

肯定的考えが自分を好きになれるポイント

あなたの質問は問題誘導？　解決誘導？

自分を好きになるための、もうひとつの大きな要素は、**ものごとに対して常日ごろから肯定的な考え方ができるか**ということでしょう。ただ「肯定的に考えなさい」とか「明るく考えなさい」とかいうだけではわからないと思います。

じつは人は、**質問のされ方によって考えることが違います**。当たり前の話なのですが、これがなかなか理解されていないようです。

質問の仕方によっては、さらに問題を誘導してしまいます。

逆に、**うまく質問をすれば、解決を誘導することができる**のです。

そして、自分自身について思考を巡らせる際に、この解決を誘導する質問をすれば、肯定的な考え方が身についていくるのです。

それではまず、この2つの質問の仕方をご説明しましょう。

◆問題を誘導する聞き方

・「問題は何？」
・「どこを間違えた？」
・「なぜ、このような問題を引き起こしたのか？」
・「なぜ、こんな失敗をしたのか？」
・「誰のせいだ？」

聞いているだけでも気が重くなっていきますね。

そして、だんだん感情的になってくるのも感じられるでしょう。この質問方法だと、うまくいっても、なぜいまの状態になったかということしか判明しません。

もちろん、感情論が介入せず単なる反省としてみることができれば、そこからさらに「では、どうすれば……」という建設的な考えには続くでしょう。

しかし、多くの場合は感情が介入してきて、すんなりと建設的な討論へは進まず、感情的に牽制が飛び交ったりしてしまうのです。

◆解決を誘導する聞き方

・「いまはどのような結果を得て、どういう状態になりたいのか？」
・「それを得るためには、何をすればよいのか？」
・「次のステップを考えるとき、今回の経験をどう生かせるのか？」
・「こうなったら解決だというような状態とはどういうものか？」

先の問題誘導の質問と、感じ方がどう異なるでしょうか？

これらの質問の中には、いわゆるフューチャー・ペーシングが含まれています。過去の重箱の隅をつつくのではなく、成功のイメージを繰り返し探るような質問となっていて、その上で、必要な事柄を見ていくことが内包されているのです。

自分に解決を誘導する質問をしてみよう

それでは、実例をあげて具体的に見てみましょう。

Cさんは、アメリカのある会社との商談に失敗してしまいました。失意の彼は、夜ひとりでバーに行き酒を飲みました。

はじめのうちは、いつものように後悔やくやしさばかりが頭をよぎっていましたが、これでは何の解決にもならないと思い、〝解決を誘導する質問〟を自分にしてみました。

「いまはどのような結果を得たいのか?」

(そうだ、この商談よりは小さいが、もうひとつ別の話が来ていたんだ。こちらのほうにばかり気をとられていて、すっかり忘れていた。いまは、それに集中しよう。今回なぜうまくいかなかったは、その後でゆっくり考えればいい、よし、いま得たい結果は、もうひとつの商談をまとめることだ)

「それを得るためには、何をすればいいのか?」

（さっそく明日、電話だ。まず、すぐに返答しなかったことをわびて、とにかく会ってもらおう）

「今回の経験をどう生かせるのか？」

（そういえば、相手のアメリカ人は、データをよこせとか数字はどうなんだとかわめいていたな。こちらはといえば、弱点をつかれたから、『努力でカバーします』と逃れようとしたが、今度は思い切って視覚的に、数字とデータで攻めてみるか。いやいや、まず相手先の担当者のタイプを見極めることが先だ。作戦はそれからだ）

「こうなったら解決だという状態はどういうものか？」

（これはただひとつ、今度の商談が成立すること。そして、上司から『よくやった』と声をかけられることだ。よし、頑張るゾ！）

いかがでしょうか？　違いが感じられたでしょうか？

プライベートな会話にしろ、このような質問方法を基礎にしてアレンジすれば、時間の浪費を防げるでしょう。

会議などでは、とくにあらかじめ解決誘導で、質問することを全員で同意しておけば、司会の負担を軽減できるはずです。

そして、何よりもあなた自身が、頭の中でものごとを考える際に、特に、**自分自身について思考を巡らせる際に、この質問方法を活用すれば次第に肯定的な考え方が身についてくる**でしょう。

最初のうちは、頭の中で問題誘導の質問を始めたのに気がつくたびに、意識的に切り換える必要があります。しかし、1ヶ月も行なっていると、誰でも相当肯定的な考え方に変わってくるはずです。

肯定的考え方ができる人は輝いています。そして、真に肯定的な考え方ができる人は、否定的なものさえ恐れないのです。否定的なものごとさえ、肯定的に捉えられるようになるからです。

自分は少し否定的な考え方をするという方は、ぜひ少しの間、意識的に試してみてください。実際に使ってみれば、自分が変わり始めたことに気がつくことでしょう。

❼章　14日間トレーニングで人間関係が変わる

どこでもできる人から好かれるためのトレーニング

◆真心と相手への尊敬を忘れずに

これまでいろいろとお話ししてきましたが、これらのテクニックは実際に練習しなければ使えません。ある程度自然に行えるまで練習しないと、かえって相手に違和感をもたれ、敬遠されてしまい、せっかくのペーシングが逆効果になってしまいます。人は、何かわけの分からないことを陰でされるのがとても嫌いです。あなたもそうですよね？　相手をよりよく理解するために、または、**あなたが伝えたいことをより確かに伝えるために**という気持ちで練習してみましょう。

練習をする相手は、常識に従って選べばよいでしょう。会社のお得意さんなどとの重要なミーティングで練習をして、相手との関係がくずれてしまえばかえって逆効果です。

そこで、気のおけない友達がおすすめです。相手にあらかじめ断っておいてもいいでしょう。始めてみるとわかりますが、ページングがうまくできると、知っていても引き込まれてしまうものです。

もし、ペーシングを学びたい人が他にもいるのならば好都合です。その人と組んで練習すれば効果は高いのです。

ひとりが好きなことを普通に話して、もうひとりがペーシングをかけてみるのです。2人で練習することの利点は、いつでも相手に質問できることです。

「いまは、イメージを見ていたの？　それとも、音を聞いていたの？」などと質問すればいいでしょう。こうすれば上達も早いと思います。

相手にだまされた気持ちやコントロールされた気持ちが残ると、長い目で見てペーシングにはなりません。敬遠されたり、仕返しをしてやろうという気持ちが出てきてしまうからです。

真心と相手を尊敬する気持ちを忘れないでください。**長いスパンで考えれば、真心がいちばんのペーシング**だといえます。真心には、たしかに即効性はないかもしれません。

しかし、この本に書いた即効性のあるテクニックと組み合わせたとき、意識の深いところと表面での、本当の意味でのペーシングができることになります。

それでは、どこでもできる14日間のトレーニングを始めましょう！

◆1日目　目の動きで視覚派を見分ける練習

話しをしているときやテレビを観ているときに、相手の目が上をキョロキョロしたら、口の中で「イメージを見ているのかな？」とつぶやきます。

また、焦点が合わずに正面をじっと見ているときも同じようにしてみてください。

「イメージを見ている」とか「この人は視覚派だ」と断定しないのは、これは単なるヒントで、まだ実際にそうなのかは、さらに確かめてみないとわからないからです。

そして、気がついたことを書きとめておきましょう。

◆2日目　手の動きで視覚派を見分ける練習

前日の目の動きに加えて、相手の手の動きも見るようにします。

そして、相手が視覚的な話をしているな（目が上のほうをキョロキョロしていたり、手を耳より上方で動かしていたりしている）と思ったら、ときどき、視覚的な質問をして確かめてみましょう。

たとえば、「それは、どんなイメージですか？」とか、もしデザインなどの話をしているのであれば、「他にどんな色にしたらいいのでしょうか？」などと聞いてみます。

質問をした後で、相手の目の動きや手の動きを再度観察します。引き続き上方で行なわれているでしょうか？　それとも水平や下へ動くでしょうか？　気がついたことを書きとめておきましょう。

3日目　目の動きで聴覚派を見分ける練習

相手と一緒におしゃべりしたり音楽などを聞いていて、相手の目が水平に動いているときに「何かを聞いているのかな？」とつぶやいてみます。

もし、相手の目があまり水平に動かないのであれば、音楽の話などを持ち出してみましょう。

「どんな音楽が好き？」とか、「人からどんなことをいわれたときに、ほっとする？」など、音に関する質問をしてみます。
気がついたことを書きとめておきましょう。

◆4日目　手の動きで聴覚派を見分ける練習

前日の目の動きに加えて、手がだいたい耳の高さで動いているときも「何かを聞いているのかな？」とつぶやきます。

そして、仲のいい友達だったら「いま、頭の中で音か声を聞いていた？」などと質問して確かめてみましょう。

または、相手に「それって、叩くとどんな音がするのかな？」とか「具体的にどんなことをいわれると気になるの？」とか質問をしてみます。

そのとき相手の目と手の動きは他へ移るかどうか観察します。

質問をされたとき、一瞬目がよそへいってから水平の位置に戻る場合があります。

たとえば、「どんなことをいわれると気になるの？」などと聞かれたときに、一瞬、顔（イメージ）を思い浮かべて、そのイメージがしゃべることに耳を傾ける場合などです。そこに注意してみましょう。そして、気がついたことを書きとめておきましょう。

5日目　目の動きで感覚派を見分ける練習

おしゃべりをしている最中に、相手の目が右下に行っているときに、口の中で「なにかを感じているのかな？」とつぶやいてみます。

もし、あまり相手の目がそちらに動かないようなら、感覚を刺激するような質問をしてみましょう。

「お風呂は、熱いのとぬるいのとどっちが好き？」とか、「ゾウにさわったらどんな感じがすると思う？」などと聞いてみるのです。気がついたことを書きとめておきましょう。

6日目　手の動きで感覚派を見分ける練習

目が右下で動いているときに加えて、手が肩から下のほうで動いているとき、とくにハートの部分に手を当てているときなどに「何かを感じているのかな？」とつぶやいてみます。そして、質問をしてみます。

「そのときは、どんな気持ちだった？」とか、もし、商品やものについて話しているのであれば、「表面はどんな手触り？」とか、「重さはどれくらい？」などと聞いてみます。

そのとき相手の手や目の動きは変わったかどうか観察しましょう。左ききの人は、感覚的になっているときに目が左下にいく人がいます。質問をしたとき、相手の目が左に移動したら、左ききかどうか確かめてみてください。

気がついたことを書きとめておきましょう。

7日目　姿勢を使ったペーシングの練習①

姿勢を使ったペーシングのうち、まずは「ミラーリング」をやってみましょう。

鏡を見ているのと同じように、相手と同じ姿勢をとります。話をしている相手が、右の足を左の足の上に組んでいるようなら、自分は左足を上にして組みます。腕を組んでいるのなら、腕を組みます。椅子にゆったりと腰かけていれば、自分もそうします。前に乗り出してくれればそれに合わせましょう。

この練習のどこがむずかしかったかなど、気がついたことを書きとめておきましょう。

8日目　姿勢を使ったペーシングの練習②

今日は、姿勢を使ったペーシングのうち、「マッチング」を練習しましょう。話している相手が右足を上に足を組めば、こちらも右足を上に組みます。相手が右肘で頬杖をついているのなら、こちらも右肘でつきます。相手が右に首をかしげたら、こちらも首を右にかしげます。

前日のミラーリングと比べてどちらがやりやすかったかなど、気がついたことを書きとめておきましょう。

9日目　姿勢を使ったペーシングの応用

今日は姿勢のペーシングの応用をやってみましょう。ミラーリングでもマッチングでもいいから、小さな動作でペーシングをしてみます。または時間差をつけてワンテンポ遅らせてペーシングしてみます。

たとえば、相手が足を組んでいるのなら、こちらは足を床につけたまま小さく交差させます。相手が頭を大きくかいたら、こちらは髪をちょっとなでる程度にします。イマジネーションを使ってやってみましょう。

ペーシングができているとき、相手の反応はどうでしょう？　いつもより、話しやすそうでしょうか？　より親密な話をしてくれるでしょうか？　気がついたことを書きとめておきましょう。

10日目　呼吸を使ったペーシングの練習

相手の呼吸に自分の呼吸を合わせてみましょう。

相手の肩の動きを見てもいいでしょう。また、肩の他に、相手の呼吸がどこに現れているか観察します。

その際は、〝しゃべっているときは吐いているとき〟というのがヒントになります。呼吸を合わせるのは少しむずかしいかもしれませんが、うまくいけば強力なペーシングとなることに、少しでも気づいてみてほしいと思います。そして、気がついたことを書きとめておきましょう。

11日目　呼吸を使ったペーシングの応用

相手の呼吸に合わせて、呼吸以外でペーシングしてみましょう。呼吸に対して、こちらの首を上下させるのもいいでしょう。膝の上に置いた自分の手でリズムを取ってもいいでしょう。

相手の反応はどうでしょう?　気がついたことを書きとめておきましょう。

12日目　リズムを使ったペーシングの練習

相手の言葉のリズムにペーシングしてみます。

たとえば、相手のしゃべり方の速さに、自分の話し方の速さを合わせてみます。視覚的な人なら速いしゃべり方、感覚的な人はゆっくりとした話し方をするはずなので、目や手の動きと合わせてそれらを観察して、相手のタイプを確かめるのもよいでしょう。その上で自分を相手に合わせるのです。

もし、途中でイライラしてきたら、そこでちょっと考えてみましょう。もしかしたら、相手のほうも、あなたの話に耳を傾けるときは、自分とペースが違いすぎて同じようにイライラしているかもしれないのです。

今日、気がついたことは何でしょう？　気がついたことを書きとめておきましょう。

13日目　言葉を使ったペーシング

言葉を使ったペーシングをしてみましょう。

今日の会話では、とにかく、相手がいったことをくり返すようにしてみましょう。

たとえば、次のような感じです。

相　手：「この間、北海道に行ったんですが……」
あなた：「へえ、北海道ですか」
相　手：「それが、雪が降っていて寒くて寒くて大変でしたよ」
あなた：「雪が降っていたのですか、それは大変でしたね」
相　手：「それでもカニがおいしくてね。つい食べすぎてしまいました」
あなた：「ほう、そんなにおいしかったですか」

できるだけ相手が使った言葉を使って、いわゆるあいづちを打つのです。これは、親が子どもの話を聞くときなどにも役に立ちます。子どもは、親が自分のいっていることを「聞いてもらえているな」と感じられるからです。

気がついたことを書きとめておきましょう。

14日目　ページング練習のまとめ

さあ、今日は2週間の練習の最後の日です。いままで練習したものすべてを使ってページングしてみましょう。それも、できるだけあからさまでなく、エレガントにやってみましょう。

本当に、ぴったりとページングができたとき、相手と自分が何かひとつに溶け合ったように感じることがあります。どこまでが自分でどこからが相手か区別がつかないような、そんな感じになります。

こういう瞬間が持てれば、あなたのページングはずいぶん上達したことになります。そこまではいかなくても、人とのコミュニケーションに大きな違いが出てくるはずです。

頭で考えようとせずに、何か人と一緒にいるのが楽しくなった「感じ」を大切にしましょう。人は、その「感じ」からあなたの印象を受け取るのだから……。

今日、気がついたことは何かを書きとめておきましょう。

◆ 工夫して実践してみよう

この14日間のトレーニングはうまくできたでしょうか?

これをキチンと実行した人は、以前と比べて相手を観察する力が数段アップしたことでしょう。そして、ペーシングもだいぶスムーズにできるようになったことでしょう。

このトレーニングを一度終えたら、また最初からくり返し練習してもいいし、好きな日に好きなメニューを選んでやってみるのもいいと思います。自分なりに工夫して実践してみてください。

次は、人に好かれるためにもっとも基礎となる「自分を好きになる」ためのトレーニングを始めましょう。

どこでもできる自分を好きになるためのトレーニング

1日目　まず、立ち止まって深呼吸

あなたは普段どんな呼吸をしているでしょうか？

空気の悪い都会でストレスいっぱいの生活をしていると、つい浅い呼吸になりがちです。

体が深呼吸したがっているのを感じたとき、その手段として煙草を吸う人がいるくらいです（もちろん、本人はそんなことは意識してはいないのですが）。

肉体には新鮮な酸素がたくさん必要です。より健康な肉体を持てれば、より健康な意識が生まれます。今日1日は、気がついたときに体中に新鮮な空気を送り込んであげるようにしましょう。何十年と動いてきた体にそのくらいのことをしてあげてもいいでしょう。

「いままで、1日も休まずよく働いてくれてありがとう」と口の中で感謝の声にしながら、次のようなイメージをしてみるのです。

まず、鼻から吸った息が、頭の中にホワッと広がっていき、それから背中や肩、胸を通って、胴体の細胞のひとつひとつを通り、丹田（おへその2～3センチ下のちょっと内側の部分）あたりまで降りていくのを感じます。

そして、息を吐くときに、丹田からお尻や足を通って足の裏から母なる大地へと出ていくのをイメージします。

この深呼吸をしながら、体の中のストレスや古いものが洗われて足から大地に出ていくのをイメージします。

さて、このイメージですが、コミュニケーションの各タイプによって次のように変えればやりやすいでしょう。

視覚派は吸い込む空気をきれいな光でイメージしてください。聴覚派は頭の中で、または心の中で「新鮮な空気が鼻から入ってきて気持ちがいいなあ。それが頭全体にまわって、それから首や肩の細胞のひとつひとつに新鮮な酸素を与えながら、丹田まで降りていく」といいながら行なえばやりやすいでしょう。感覚派は鼻の内側を冷たい空気が通る感じを意識し、それが頭の中全体にホワッと広がるのを感じながら行ないましょう。

「自分はうまくやっているのだろうか?」と迷う人がいるかもしれません。でも、別に正しいやり方はありません。自分の感覚を信頼して気持ちがいいようにやれば、それでよいのです。

なお、今日の深呼吸は、これからの2週間の実習をする前に毎回行ないましょう。できるだけ、新鮮な空気がある場所でするにこしたことはありませんが、たとえば電車の中などでも、その空気のきれいな部分だけが自分に入ってくるようにイメージすれば十分です。これができると、嫌いな人に対してもその人のいい部分が見えるようになってくるはずです。

とにかく今日は、呼吸が浅くなっているのに気がついたら、1日何回でも、まず立ち止まって、または頭の中を休憩させてこの深呼吸をしましょう。

自分を好きになる第一歩は、自分の健康にとってよい時間を意識的につくることなのです。

◆ 2日目　自分の魅力をチェックする

（まず、1日目でお話ししたような呼吸を何回かしてから……）

自分に関して素晴らしいと思えることをリスト・アップしましょう。書かなくてもいいのですが、紙に書ければなおよいでしょう。

通勤電車の中などで自分の小さいころから思い出していって、自分のよいところをあげていってみます。できるだけ具体的なシーンから思い出しながらやってみましょう。

たとえば、中学校のときに、道端で酔っぱらって倒れていたおじいさんを家まで連れていってあげたことがあったとします。

そのときのことを思い出しながら、視覚、聴覚、感覚を総動員して、「自分はやさしい」とか「自分は思ったことをすぐ行動に移せる」などと口の中でいってみます。

別に「いつも」そうであった必要はありません。たった1回のことでもいいのです。30～40程度思い出せれば優秀です。そのうちのいくつかを書いておきましょう。

3日目　もっと魅力的になったら何が変わる？

（深呼吸をしてから……）

もし、あなたがもっと魅力的になったら、いまと何が変わるかを考えてみましょう。

自分のことをもっと好きになったら、人生はどう変わるでしょうか？

今日はどうしたら魅力的になれるかは考えなくてもいいです。すでに魅力的になってしまったらどうなるかを考えてみるのです。

最初に、魅力的になった自分を想像し、イメージしてみます。どんな自分でしょう？　どんな姿勢で立っていて、または、歩いていて、どんなことを考えているのでしょう？　その自分を見て、あなたは何を感じるでしょうか？　その自分に何といってあげたいでしょうか？

この新しい自分を十分想像し感じたら、次のことを考えてみましょう。

・まわりの人とあなたの関わり方はどう変わるか
・仕事に対する態度はどう変わるか
・ミスをおかしたときのあなたの対処の仕方はどうなるか

・朝、起きたとき最初にどんな考えが浮かぶようになるか
・夜、寝るときに1日を振り返り、どんなことを思うようになるか
・あなたの目に世界はどのように映るか
・心の中で自分のことをどう評価するか
・これからどのようなことをしていきたいか
・夢は何か
できるだけ具体的な状況を考えてみることが大切です。気がついたことを書きとめておきましょう。

4日目　自分のよくない部分を受け入れる

（深呼吸をしてから……）

自分のよくないと思う部分をあげてみましょう。しっと深いところ、批判的なところ、何かをするときにすぐ失敗することを考えてしまうところ……などです。

そして、自分にこういってみます。

「私はしっと深い……。まあ、それでもいいじゃないか」

「私はすぐ人を批判する……。まあ、それでもいいじゃないか」

このように、まず自分のいやな部分を認めてあげるのです。

これは、1日に5分くらい、2回も行なえば十分です。それ以上やっても、否定的に見ることが好きな人だと、否定的な気持ちにひたるためのものになって、意味がなくなってしまうからです。もし、そうなりそうになったら、「私はすぐ否定的な気持ちにひたりそうになる……。まあ、それもいいじゃないか」といってやめます。

今日のトレーニングを行ないながら、気がついたことを書きとめておきましょう。

5日目　自分の魅力を人に聞いてみる

（深呼吸をしてから……）

このトレーニングは少し勇気が必要です。友人でもいいし家族でもいいので、誰かにあなたのよいところを聞いてみるのです。まずは、どう切り出したらいいかを考えましょう。

ページングの章などを参考にして考えてみましょう。相手のよいところを先にいって、その後で「ところで……」と自分について聞くのもよいでしょう。

注意点は、相手があなたの長所を話してくれているときに、それを全部自分のことだとして、しっかり受け止めることです。

これは、照れたり、よそを見たりして他人ごとのようにせず、自分のものとして100%受け入れる練習でもあるのです。

別に気負う必要もないが、相手を正面に見ながら、イメージで相手の言葉を深呼吸とともに、自分の細胞の一つひとつにしみこんでいくのを感じるようにすればよいでしょう。気がついたことを書きとめておきましょう。

◆ 6日目　夢を思い出す

（深呼吸をしてから……）

あなたの現在の夢はなんでしょう?

小さいころはどんな夢を持っていたでしょう?

思い出して、書き出してみましょう。どのくらい思い出せるでしょうか?

・4、5歳の頃の夢は?

・7、8歳の頃の夢は?

・12歳の頃の夢は？
・14、5歳の頃の夢は？
・17、8歳の頃の夢は？
・20歳の頃の夢は？
・25歳の頃の夢は？
・現在の夢は？

気がついたことを書きとめておきましょう。

◆7日目　自分を外から見る

（深呼吸をしてから……）

今日は少し変わったことをしてみましょう。

まず、自分が魅力的に思う人を想像します。あの人のようになりたいなと思う人を選びます。別にその人のすべてが好きである必要はありません。その人の持っているひとつの才能や性格の一部、あるいは容姿だけを見ていてもかまいません。

次に、魅力的な人物を憧れの目をもって見ている自分をイメージします。そのとき、相手とあなたは横に並んでいるかもしれないし、あるいははるか下から相手を見上げている自分を思い浮かべるかもしれません。その関係も含めてイメージするのです。

そして、そのシーンを、映画を見ているように、外から客観的に見てみます。

つまり、相手とその相手の素晴らしいところを見ているあなたを、もうひとりのあなたがスクリーンの上に見るのです。

これだけでよいのです。1人について1～2分、イメージする相手を変えて、5人ほど同様にくり返してみましょう。気がついたことを書きとめておきましょう。

8日目　今日は花に注目

（深呼吸をしてから……）

今日は花に注目してみましょう。道を歩いていても、喫茶店にいてもけっこうです。そこにある、花に注意を向けてみましょう。

本物の花でもいいし、壁紙に描いてある花でもけっこうです。

どんな花なのか、どの花のどんなところが気になるのか、花びらなのか、額の部分なのか、葉の生え具合なのか、そして香りはあるのか……。

これは、普段あまり気をつけないものに目を向ける練習です。

だから、普段から花が大好きでいつも注意を向けている人は、何か他のきれいなものに注目してみましょう。何か自然のものがよいでしょう。犬や猫でもいいでしょう。

気がついたことを書きとめておきましょう。

✦ 9日目　自分にプレゼントをする

（深呼吸をしてから……）

今日は、何か自分にプレゼントをしてあげましょう。

別にものでなくてもいいのです。普段からゆっくり寝たいと思っていたのなら、少し仕事は残っていても8時間なり10時間なりたっぷりと寝るのもよいでしょう。

生まれてから一度も自分のために花を買ったことのない人は、自分のために花を買うのもいいでしょう。久しぶりに大きなプラモデルを作るのもいいでしょう。

とにかく、はじめて、またはここ何年もしていないようなことをしてみましょう。

そして、それを十二分に楽しみましょう。

ところで、自分にプレゼントをするのに、何もいい訳はいりません。今日に限らず、いつでもやってあげていいのです。今日をそのきっかけにすればよいのでのです。

気がついたことを書きとめておきましょう。

10日目　今日は人を喜ばせよう

（深呼吸をしてから……）

他人が喜ぶことを何かひとつやってあげましょう。人にいいことをするのに理由はいりません。

いつも一緒の同僚に花をあげるのもよいでしょう。世話ばかりかけて、普段、何もしてあげていない親の肩をもんであげるのもオツですね。相手は誰でもよいのです。

押しつけるのではなく、相手も本当に喜んでくれるものをしてみましょう。

いつものように、気がついたことを書きとめておきましょう。

11日目　自然の中で散歩しよう

今日は、自分に散歩の時間をつくってあげましょう。

30分でもよいでしょう（もちろん、もっと長くてもいっこうにかまいません）、できるだけ、郊外の空気の新鮮なところがいいでしょう。

1日目で学んだ深呼吸も、もう意識的にイメージしなくても、または心の中でつぶやかなくてもできるようになったでしょう。

ゆっくりと歩く。早足になっている自分を発見したら、立ち止まって深呼吸します。そして、また歩きます。

いろいろな考えが浮かんできたり、感情が出てきてもそのままにしておきます。一つひとつにとらわれずに、テレビが遠くについているように、ラジオが遠くで鳴っているように、流しておけばいいのです。

ただ、深呼吸をしたり、伸びをしながら、ゆったりと自然を楽しみましょう。

気がついたことを書きとめておきましょう。

12日目　まったく制限がなければ、何をしたい？

（深呼吸をしてから……）

いま、お金の制限も何の制限もないとしたら、あなたは何をしたいか考えてみましょう。職場で休みをどうやってもらおうかなどと考えません。とにかく何でもできると仮定したら、何をやってみたいでしょうか?

最初は、イヤなものから逃げ出すためにしたいことが浮かんでくるかもしれません。それも紙に書いて頭の中から出してしまいましょう。そして、次第に本当にやりたいこと、やってみたいことに焦点を合わせていきましょう。

ひとつに絞る必要はありません。いくつでもあげてみましょう。とにかくどんどん書き出してみることです。

今日はただ、制限のない思考の癖をつける始まりになればけっこうです。もし、どうしても出てきた事柄を考慮したいのであれば、浮かんだものを紙に全部書き出してから、後でゆっくり吟味すればいいでしょう。

13日目　5歳の自分と一緒にいる

(深呼吸をしてから……)

今日は5歳の頃の自分を想像し、1日中その子が自分のそばにいるとイメージしましょう。そして、ときどき5歳の自分と話をするのです。

その小さい自分が、日常生活の場や職場などで、いろいろな質問をしてきたらそれにも答えてあげましょう。

大人の論理が通じないその子に、どうやって説明するか、そのつど考えてみてください。

自分に対する、それまで思いつかなかった新鮮な発見があるかもしれません。

あるいは反対に、何かわからないことがあったら、ときどきその小さな自分にきいてみましょう。驚くような答えが返ってくることもあるでしょう。

これは、イメージやインスピレーションの練習にもなります。

気がついたことを書きとめておきましょう。

14日目　自分を好きになった自分になる

（深呼吸をしてから……）

今日は自分を好きになった自分になりきりましょう。

まず、目を閉じて自分が大好きな自分をイメージします。できるだけ、鮮明にイメージします。どんな姿勢で立っているでしょう？　その自分を見たとき、そんな感じがするでしょう？　よく感じてみましょう。

この自分はどんなふうに1日を過ごすでしょう？　もし、いまのあなたと同じ1日ならば、その自分はどう対処するでしょう？　職場ではどうでしょう？　家族とはどうつき合っているでしょう？　そして、ひとりのときは何をしているでしょう？

次に、準備ができたと思ったら、そのイメージの自分の中に入ってみます。そして、感じるのです。

それができたら今日は、その「自分を好きな自分」で1日過ごしてみましょう。

気がついたことを書きとめておきましょう。

輝くあなたになれる！

この14日間は、あなたにとってどんな14日間だったでしょう？

忙しい中においても、行動としてだけでなく、気持ちも頭も一緒に〝自分のための時間〟を作ってあげられたでしょうか？

たとえ、いくら自分でのんびりしようと散歩しても頭の中では仕事の心配ばかりしていたのでは、あまり効果がありません。身も心もひとつにして、行なってみてください。

自分を好きになると、あなたは輝きだします。あなたが輝くと、自信が満ちあふれ、自信は才能を引き出します。そして、さらに輝くことができるでしょう。

このトレーニングも、自分の好きなときに、何回でもくり返してみてください。とくに1日目の呼吸法は、ストレス解消にはもちろん、浮き足立っているときに「地に足を着けさせる」効果もあります。

必要に応じて、いつでも使ってください。慣れれば慣れるほど、簡単に使えるようになるでしょう。

本当のコミュニケーション

なぜ人は、一生懸命相手を分ろうとしても、分り得なかったりするのか？

なぜ、一生懸命愛情表現をすればするほどすれ違いになるのか？

これは、私の中でも長い間不明なことでした。

本書にもある「視覚」「聴覚」「感覚」のタイプの違いを学んだとき、目から鱗の思いをしました。

人は異なる価値観をなかなか理解できません。「価値観＝自分の常識」と見てもよいでしょう。自分にとって常識であるが故に、他人の常識はなかなか理解できないわけです。

この本で扱ったペーシングは、これらの壁を取り除きます。きちんとペーシングをすれば、いままで、考えもしなかった、他人の常識から見た世の中が体感として見えてきます。感じ始めます。例えば、もし、視覚的な価値観しかなければ、世の中の3

分の1の人しか理解できないのです！　4人家族なら（確率的には）、自分以外、後ひとりしか理解できないのです！

こう考えれば、このようなコミュニケーション・スキルを学ぶと言うことは、人の操縦法と言うより、より多くの人を価値観レベルから理解する術を学んでいることになります。より多くの人とつながれる、これが本当のコミュニケーションの持つ意味ではないでしょうか。

また、ペーシングは、するだけではなく「意識的に切ることができる」ことも必要です。日本でNLPを教えはじめて気がついたことがこれでした。

アメリカで「オレオレ詐欺」は聞いたことがありませんし、セールスが来てハンコを何十万円で買わされた話（まあ、アメリカでハンコは必要ないですが……）も聞きません。これは、とりもなおさず、日本人は自然にペーシングをしてしまって、そこから抜け出せない人が文化的に多いということです。

周囲とのペーシングが切れて初めて、「自分」を感じることができます。そして、「自分」が感じられない時、真に他人とつながることはできません。このペーシングを切ることに関して扱っているNLPも無いように思います。

本書では、ここまで触れることはできませんでしたが、その内に、扱いたい話題のひとつです。

ついつい周囲の人に合わせてしまって、自分が何をしたいかすら感じるのが苦手な方は、ページングを切って、真の自分を感じて、その上で、ページングでつながれるとき、本当のコミュニケーションが始まるのです。そうなったとき、仕事にしろ、日常の人間関係にしろ、よりスムーズに物事が運ぶでしょう。

一人ひとりが誰か他のひとりと理解し合える時、ひとりずつ理解の輪が広がって行けば、連鎖反応で世界平和すら可能かな？　と思わせてくれます。そんなきっかけの本となってくれればよいなという祈りを込めてこの本を贈ります。

プロローグにも記したように、この本のすべてがＮＬＰではありません。３章以降は、主にＮＬＰですが、１章と２章は、それまでに学んだことからまとめてあります。

最後になりますが、今回、この本の書き直しのきっかけになってくれた望月俊孝さん、リライトしてくれた渡辺あみさん、総合法令出版の竹下さんと金子さん、本当にありがとうございました。このようなよい仲間と仕事ができて幸せでした。

関野直行

◆著者紹介◆

関野直行（せきの・なおゆき）

神戸に生まれ。米国ミシガン大学大学院修了。
1980年頃より、コミュニケーション分野でのセミナーや執筆活動を始める。現在は、関野直行事務所の代表として、各種セミナーの開催、企業研修を行うかたわら、執筆を行う。また最近では、メンタル・コーチ養成コース、体と意識のバランスをとるトレガー・アプローチによるワークショップも開催。その誰にでもわかりやすいユーモアに溢れたトークが人気を呼んでいる。
訳本に『BASHAR3』『ルーンの書』（ヴォイス）、著書に『感じるカラダ。』（総合法令出版）、『あなたにやさしい精神世界』『生きるのが楽になる精神世界』（PHP研究所）などがある。

関野直行事務所では、意識と体を統合し、地に足のついたところからハッピーに生きることをサポートする下記のようなセミナーを開催しています。

◆自立したプロを育てる……メンタル・コーチ養成10ヶ月コース
◆コミュニケーションの達人になる……NLPコミュニケーションセミナー
◆潜在意識を理解し味方につける！……エリクソン・ヒプノセミナー
◆無限の才能を引き出す……アンリミテッド・パワーセミナー
◆体とマインドのバランス……トレガー・アプローチ資格コース

セミナーなどに関するお問い合わせや資料請求は、下記までご連絡下さい。

関野直行事務所のメール：sekinooffice@aol.com
関野直行のブログ「ワクワク生きる近道」：http://blog.livedoor.jp/sekinooffice/

本書は1991年4月に発刊の『初対面から好い印象を与える法』（日本実業出版社）を修正・改題したものです。

なぜ、「あの人」には話が通じないのか？
コミュニケーションを成功に導くテクニックはNLPにあった！

2006年7月19日　初版発行

著　者　関野直行
発行者　仁部　亨
発行所　総合法令出版株式会社
〒107-0052　東京都港区赤坂1-9-15　日本自転車会館2号館7階
電話　03-3584-9821㈹
振替　00140-0-69059
印刷・製本　中央精版印刷株式会社

ISBN4-89346-971-1

落丁・乱丁本はお取り替えいたします。
総合法令出版ホームページ　http://www.horei.com